Viva bem
sem depressão

CB001052

Solicite nosso catálogo completo, com mais de 300 títulos, onde você encontra as melhores opções do bom livro espírita: literatura infantojuvenil, contos, obras biográficas e de autoajuda, mensagens espirituais, romances palpitantes, estudos doutrinários, obras básicas de Allan Kardec, e mais os esclarecedores cursos e estudos para aplicação no centro espírita – iniciação, mediunidade, reuniões mediúnicas, oratória, desobsessão, fluidos e passes.

E caso não encontre os nossos livros na livraria de sua preferência, solicite o endereço de nosso distribuidor mais próximo de você.

Edição e distribuição

EDITORA EME
Caixa Postal 1820 – CEP 13360-000 – Capivari – SP
Telefones: (19) 3491-7000/3491-5449
vendas@editoraeme.com.br – www.editoraeme.com.br

Severino Barbosa

Capivari-SP
- 2011 -

© 2011 Severino Barbosa

Os direitos autorais desta obra são de exclusividade do autor.

A Editora EME mantém o Centro Espírita "Mensagem de Esperança", colabora na manutenção da Comunidade Psicossomática Nova Consciência (clínica masculina para tratamento da dependência química), e patrocina, junto com outras empresas, a Central de Educação e Atendimento da Criança (Casa da Criança), em Capivari-SP.

1ª edição – novembro/2011 – 3.000 exemplares

CAPA | Thiago Retek Perestrelo
DIAGRAMAÇÃO | Thiago Retek Perestrelo
REVISÃO | Editora EME

Ficha catalográfica elaborada na editora

Barbosa, Severino, 1942-
    Viva bem sem depressão / Severino Barbosa. - 1ª ed. nov. 2011 - Capivari, SP : Editora EME.
    144 p.

    ISBN 978-85-7353-471-9

1. Literatura espírita. 2. Autoajuda.
3. Reflexões espíritas. 4. Doenças da alma.

CDD 133.9

Sumário

Introdução 7

Aprenda a controlar suas emoções 16

Controle sua ansiedade 24

Medicamento para o medo 30

As muitas causas do medo 38

Cure-se das amarguras 44

Liberte-se da culpa e do remorso 52

Aprenda o hábito da autoconfiança 60

Dê adeus à tristeza 68

Melhore as relações com seus semelhantes 74

Programe-se e mude sua vida para melhor 80

Liberte-se do pavor da morte 86

Enfrente a morte com naturalidade 92

Tenha cuidado com suas atitudes 98

Um pouco sobre a depressão 106

A depressão é uma doença da alma 114

Diga não à depressão 120

Antídoto à depressão 128

Introdução

O presente livro é modesto, mas foi escrito com muito carinho. Compondo-o, foi a forma que encontramos de prestar a nossa singela homenagem a *O Livro dos Espíritos*, lançado em 18 de abril de 1857 e que continua disseminando pelo mundo inteiro as luzes da filosofia espírita.

Viva bem, sem depressão pode ser lido por qualquer pessoa, qualquer que seja a sua crença religiosa, ou até mesmo por materialistas e ateus.

Ele reflete o desejo e a plena satisfação do autor em repassar, ao leitor amigo, conceitos e preceitos evangélico-doutrinários de autoajuda, especialmente para aquele que, por razões diversas, alimenta o mau hábito de viver enraivado e intrigado consigo mesmo e, consequentemente, de mal com o mundo.

É provável que você, neste exato instante, esteja depressivo, angustiado, enraivado, amargurado, triste, agoniado, com sentimento de culpa e arrependido, magoado, frustrado, solitário, julgando-se inútil, talvez mesmo planejando um revide qualquer contra alguém que lhe fez ofensas, cercado de problemas, enjoado com a vida e até mesmo formando na mente a ideia de suicídio.

Quem está preso a esse deplorável estado de espírito realmente não está bem. Precisa tomar imediatas providências contra esses males da alma.

Não devemos esquecer, no entanto, que Deus não nos concedeu a vida para vivermos em tal situação. O nosso Pai celestial não deseja a infelicidade dos Seus filhos.

Quem se encontra golpeado por males de tal natureza está passando por uma prova? Digamos que sim, por hipótese. Entretanto, o que devemos fazer para superar essa prova, já que Deus nos concedeu, também, a inteligência para encontrarmos os meios a fim de aliviar os nossos infortúnios?

Quem se torna vítima de uma enfermidade qualquer deve, por isso mesmo, procurar os meios de se curar. Quem é que tem um espinho no solado do pé e não procura retirá-lo?

Com base nesse princípio lógico, torna-se evidente que, qualquer que seja o quadro psicológico aflitivo de alguém, pode ser revertido, exceto aquele que se caracteriza por expiações de vidas pretéritas, para atender às exigências da lei de causa e efeito. Contudo, mesmo nesses casos, o processo aflitivo pode, sem a menor dúvida, ser aliviado.

É interessante lembrar, no entanto, que o próprio Jesus, o mais competente psicoterapeuta de todos os tempos, não restabeleceu a saúde de todos os que o procuraram, mas concedeu alívio aos que resgatavam débitos de existências anteriores, em forma de doenças físicas congênitas e distúrbios psicológicos de nascença, crônicos.

Não é difícil perceber que grande parte da humanidade está neurótica. O povo está perturbado, agressivo, violento, psiquicamente tumultuado. Daí decorre uma depressão quase generalizada.

Os homens vivem inquietos, insatisfeitos, agoniados, ambiciosos, ciumentos, invejosos, embora muitos sejam detentores de bens materiais, que lhes permitem uma existência nababesca, de luxo, de orgias, enfim, de abundância em todos os sentidos. Mas ainda assim são infelizes.

Mesmo na posse e no domínio de tudo que deseja, falta-lhes uma coisa. Esta coisa, eles mesmos não sabem definir. Um vazio invade-lhes a alma e se transforma em companheiro incômodo e inseparável.

Jamais se viu no mundo tanta liberdade – ou libertinagem? –, mas também nunca se viu tanto desencanto, tanta desilusão.

Como vemos, é muito complicada a situação do homem atual. E, não obstante todo esse quadro negativo, aparentemente pessimista e derrotista, esta situação pode e deve ser transformada. Todavia, para a reversão desse quadro, cada homem deve fazer a sua parte.

É o momento de cada criatura se reencontrar consigo mesma, já que todos nós, viajores do tempo, nas asas das sucessivas reencarnações, caminhamos desencontrados desde épocas remotas. Porque cada pessoa carrega em si, como saldo de vidas passadas, um armazenamento de experiências boas e más.

Estas experiências de outras vidas, que se acham registradas nos arquivos secretos da nossa alma, impõem e são responsáveis pelo nosso comportamento atual, em forma de atitudes, tendências e coisas similares.

Como o homem é um espírito reencarnado e, portanto, imortal, preexistente e sobrevivente ao seu corpo atual, é único e indivisível e, por isso, muda de corpo como mudamos de roupa; em cada nova existência, ele renasce com a bagagem de qualidades boas ou más, de ignorância ou conhecimentos.

Enfim, dentro dos parâmetros desse raciocínio reencarnacionista, todos somos herdeiros de nós mesmos, em cada nova encarnação aqui na Terra ou em outros mundos, espalhados pelo Universo sem fim.

Assim, não esperemos que as mudanças venham

de fora para dentro de nós. Muito pelo contrário. As transformações em nossa maneira de pensar, sentir e agir devem nascer na intimidade do nosso ser.

É desta forma que nos tornaremos amigos de nós mesmos e viveremos bem conosco mesmos. E com o mundo.

Exercitando as forças espirituais do otimismo, da vontade, do espírito de determinação, da paciência, do desprendimento, do trabalho, da sinceridade, da simplicidade de espírito, bem como realizando mudanças em nossa maneira de ver o mundo, as pessoas e as situações, para uma forma sempre cristã, somente assim estaremos vacinados contra os males da rotina, da ansiedade patológica, da depressão, do medo, da solidão, da libertinagem, do ódio, dos rancores, do pessimismo, das fugas viciosas e de tantas outras mazelas da alma.

Naturalmente, o exercício destas virtudes não é tão fácil, como se pensa à primeira vista. Mas é possível. Nada se consegue sem esforço pessoal. Para a consecução dessas qualidades, é necessário ter vontade.

É bom lembrar que o mais poderoso império que o homem possui em seu interior chama-se força de vontade.

Jamais devemos esquecer estas palavras do Cristo em seu Evangelho: "Buscai e achareis. Pedi e obtereis. Batei e abrir-se-vos-á."

Estas são as condições para o homem viver bem consigo mesmo.

Portanto, querer é poder!

Em suas mãos, pois, caro leitor, para meditação, este *Viva bem, sem depressão*.

Bom proveito!

Severino Barbosa

Capítulo
1

Aprenda a controlar suas emoções

Embora os estudiosos do comportamento humano apresentem causas diversas, o fato é que a maioria das pessoas vive intrigada consigo mesma. Ninguém consegue viver bem com seus semelhantes se não está bem com seu próprio eu. As pessoas de temperamento forte estão constantemente enraivadas. E o pior é que elas mesmas não sabem o porquê, embora sejam conscientes de que são portadoras deste mal.

Por outro lado, percebe-se que há também muitos indivíduos que vivem sem a menor consciência dos males que se aninham nas entranhas da sua alma. É uma questão de hábito. E, quando tentam se controlar, têm a impressão de que vão adoecer – e às vezes adoecem mesmo –, porque a carga de emoção negativa é muito pesada. Ou eles reprimem ou explodem (e saia de perto!).

Está provado que as emoções negativas podem nos fazer muito mal. Podem mesmo prejudicar as nossas estruturas físicas e psíquicas, levando-nos a desequilíbrios de toda ordem.

Nesse sentido, os antigos romanos diziam (e com muito acerto) que a mente, quando está sadia, faz o corpo sadio. Exatamente porque existe uma inter-relação perfeita entre o espírito e o corpo. Um exerce influência sobre o outro, incessantemente.

Desse modo, facilmente se percebe que a ira, o medo, o ressentimento, o sentimento de culpa, a ansiedade, a depressão e a solidão são os nossos mais cruéis inimigos. Talvez você nem tenha ainda pensado nessa outra realidade.

São a estas emoções e outras similares que chamamos estado de espírito, e que podem deixar 'seus nervos à flor da pele'. São emoções que podem, a longo ou médio prazo, destruir-nos com fogo brando. Daí, pois, podem (e tem acontecido) surgir enfermidades de todos os gêneros, tanto as conhecidas como doenças fantasmas, quanto doenças reais.

Envolvidos neste deplorável estado de espírito, as criaturas sentem-se naturalmente inclinadas a se intrigarem com elas próprias e com o mundo todo. Porque, em princípio, quem não está bem consigo mesmo, também não está bem com o seu exterior, como dissemos acima.

Esta realidade, diga-se de passagem, constitui um grave problema na vida das pessoas.

Contudo, temos de reconhecer que não é todo mundo, ou todas as pessoas, que têm preparo espiritual para administrar com eficácia as suas emoções. Não é difícil perceber que cada criatura reage de forma diferente diante dos problemas. Sabemos que os dedos das mãos não são iguais. Há pessoas que reprimem os problemas, lidam bem com eles, e até mesmo os destroem. É que elas têm preparo espiritual. É a educação que já trazem de outras existências. É progresso feito. Outras, diferentemente, represam os problemas em seu interior até certo limite e, de repente, quando explodem, o fazem para destruir o mundo. São radicais. É um comportamento perigoso.

Este último comportamento, que às vezes extravasa mágoas, frustrações, complexos e revoltas armazenados no subconsciente, segundo tem sido aconselhado por psicólogos e psiquiatras do mundo inteiro, deve sempre explodir, para esvaziar o poço das emoções e, assim, evitar futuros problemas cardíacos.

Não achamos que esse caminho seja o correto. Pessoas que assim se comportam parecem estar simplesmente obsidiadas, inimizadas com elas próprias.

A solução indicada pelos psicólogos não resolve os problemas íntimos de ninguém. As pessoas que assim se comportam, além de criarem outros problemas, tornam-se criaturas isoladas, praticamente sem amigos. Todos se afastam delas. Esse tipo de comportamento não traz nenhuma vantagem. Pelo contrário, até complica a situação. Que o diga o bom-senso.

É bom lembrar, no entanto, que o desabafo emocional, em pequenas doses, bem administrado, sem abusos, é natural em toda pessoa. Descarrega as energias represadas. Mas devemos ter cuidado com as humilhações aos outros.

Existem dois tipos de indivíduos: os recalcados e os explosivos. Ora, nem tanto ao mar, nem tanto à terra, como diz o adágio. Ensina a sabedoria que a medida do meio-termo em tudo é o melhor remédio. Moderação, prudência e caldo de galinha não fazem mal a ninguém.

O bom-senso nos diz que os mecanismos de defesa das criaturas humanas, no atual estágio de evolução moral e espiritual em que nos achamos, são desiguais. Mas são comuns.

Sendo assim, devemos nos acautelar contra os abusos. Isto porque, em boa lógica, se represarmos todas as experiências infelizes, reprimindo-as de uma forma absoluta, o resultado será desastroso para a nossa saúde física e mental.

Porém, mesmo assim, aconselha o bom-senso e as

normas do bom relacionamento cristão que, em determinadas situações, é benéfico para o nosso estado de espírito – e até mesmo conveniente – reprimir certas emoções negativas, para não despejá-las contra aqueles que 'nada têm a ver com o pato'.

As pessoas que assim se comportam são equilibradas, emocionalmente maduras. Espiritualmente preparadas, porque sabem quando e como reprimir os impulsos negativos.

Além disso, não devemos perder de vista o fato de que todos nós, queiram ou não os céticos, somos ainda Espíritos inferiores, cada qual em sua faixa própria de evolução. Quer dizer, somos seres humanos em vias de progresso intelectual, moral e espiritual. Portanto, estamos todos sujeitos a erros.

Desse modo, é compreensível que ainda tenhamos os momentos de hostilidade, notadamente quando as coisas do exterior ferem ou ameaçam ferir os nossos interesses pessoais. É quando os nossos mecanismos de defesa entram em ação.

Mesmo nesses casos, porém, o aconselhamento do Evangelho é de que sejamos "brandos e pacíficos", pois que nosso é o reino dos céus. Mas isto, de modo algum, significa aprovar o erro, nem tampouco permitir que os outros nos encabrestem ou abusem da nossa paciência.

Essa passagem evangélica nos faz lembrar esta outra, em que Jesus foi abordado pelos seus adversários, e o apóstolo Pedro, movido pelo natural instinto de defesa do seu mestre, desembainhou a sua espada. Jesus imediatamente o advertiu: "Pedro, embainha a tua espada, porque quem com ferro fere, com ferro será ferido."

O apóstolo aprendeu a lição da lei de causa e efeito, da semeadura e da colheita.

E aprendeu a dominar as emoções.

Capítulo 2

Controle sua ansiedade

A ansiedade pode se tornar um carrasco na vida de uma pessoa. Ela não é uma enfermidade física. É uma doença da alma. Aquele que é portador dessa moléstia é uma pessoa infeliz.

Esse mal espiritual se caracteriza por preocupações doentias sobre coisas e acontecimentos, sem o menor fundamento de que venham a ocorrer no futuro. Não há razão para o ansioso se preocupar, mas ele se preocupa. Dir-se-ia que todo ansioso 'morre de véspera'.

Não há base lógica para ele se preocupar, mas sempre anda preocupado e em desgaste emocional. E até prejulga que tudo vai acontecer conforme imagina. Tem a imaginação enferma.

Como se trata de uma moléstia do espírito, e não do corpo, remédio indicado pela medicina material não cura.

Mas outra característica do ansioso é o medo infundado. Ele tem medo de perder o emprego; tem medo de morrer e deixar a família desamparada; medo de morte trágica; medo de sofrer do coração, embora este esteja sadio. E tantos outros medos sem o menor fundamento.

O ansioso tem medo de perder a fortuna e ficar na miséria, embora sua condição financeira seja estável; tem medo de ser vítima de um câncer e dar trabalho à família; tem medo que seu time favorito perca o campeonato; tem medo que seus filhos se tornem criminosos ou dependentes de drogas e que suas filhas se prostituam. Enfim, o ansioso tem medo de tudo. Todos esses medos são irreais e, portanto, frutos da imaginação enferma do ansioso. É verdade que tudo na vida é possível, mas ficar imaginando e esperando que as coisas aconteçam inapelavelmente não é normal.

Conhecemos um cidadão tão ansioso em relação à sua morte dormindo, que chegou a ponto tão crítico, mas tão crítico mesmo, que só dormia vigiando a si mesmo. E assim, passou um bom tempo sem desfrutar de um sono sadio, tranquilo, descontraído, saboroso. Era assediado pelo medo de desencarnar dormindo; ficava sempre à espreita e perdia o sono.

Era mais um caso de auto-obsessão.

Aconselhei-o a, antes de dormir, ler *O Evangelho segundo o Espiritismo*, fazer uma prece e, confiantemente, se entregar a Deus. E dizer a si mesmo: "Se eu morrer dormindo, Deus me favorecerá com a graça de um bom lugar no outro lado da vida." E assim ele fez. Hoje, que está sadio, porque venceu o mal do medo da morte, ri de si mesmo, lembrando aquele tempo.

Quem sabe se aquele cidadão, pelo exagero da sua ansiedade, também não atraiu para junto de si um espírito perturbador que, aproveitando-se da sua fraqueza, sugava-lhe as energias e tirava-lhe o sossego? Com certeza, as preces e a leitura do *Evangelho* restauraram-lhe a fé em Deus e renovaram-lhe a força de vontade para rejeitar as sugestões maléficas da criatura invisível que possivelmente lhe perturbava.

Jamais devemos esquecer que o *Evangelho* é muito importante na cura da ansiedade. Quem tem fé em Deus, tem também em Jesus e em seu Evangelho. Aí está uma regra de coerência completa. A todo e qualquer mal relativo à alma pode ser aplicada essa regra, e os resultados serão benéficos.

O bom-senso nos diz que devemos viver um dia de cada vez, embora conservemos as nossas metas de vida. E saibamos escolher um momento para cada coisa.

Esse raciocínio nos faz lembrar as palavras do Cristo, narradas por Mateus (6:34): "Não vos inquieteis, pois, pelo dia de amanhã, porque o dia de amanhã cuidará de si mesmo. Basta a cada dia o seu mal."

Estas palavras de Jesus, se bem refletidas e vivenciadas, sem dúvida constituem o medicamento certo para a cura ou o controle da ansiedade. Elas trazem em si mesmas a força, a fé e a esperança para os ansiosos.

Os ansiosos crônicos podem até mesmo se questionar se possuem motivos reais para continuarem presos à cadeia sem grades da ansiedade. As respostas vão lhes dizer que são uns bobos. Que estão gastando suas energias em vão. E podem até memorizar estas palavras, a título de suporte para a libertação do mal: "Eu estou em Deus e Deus está em mim. Portanto, nada me amedrontará. Eu sou forte e capaz de enfrentar todo e qualquer problema."

Os ansiosos devem repetir esse pensamento diversas vezes durante o dia, e vivenciar tais palavras com forte dose de entusiasmo.

Pela manhã, antes de reiniciar as suas atividades, é de bom alvitre que os ansiosos tomem por hábito salutar mentalizar e degustar mentalmente esta expressão: "Em cada novo dia, estou cada vez melhor, graças a Deus!"

E adeus ansiedade!

Capítulo 3

Medicamento para o medo

A psicologia moderna, que é a ciência do comportamento humano, aponta a ansiedade como causadora principal do medo e da depressão. São esses três males os focos geradores de diversos distúrbios psicológicos e físicos, que têm infelicitado a vida do homem terrestre.

Não é preciso ser especialista em psicologia para concluir que o medo em excesso é uma emoção destruidora.

Cadeia sem grades, não polpa os fracos que por ele se deixam escravizar. É carrasco cruel e atormentador.

Embora filho legítimo da ansiedade, o medo tem as suas origens mais remotas na insegurança pessoal que, por sua vez, também tem suas raízes na falta de confiança em Deus e em si mesmo. Por isso é que o homem ainda sofre o cruel assédio desse algoz.

É interessante registrar que o medo de tudo é uma patologia da alma. Mas é curável.

Fazendo uma análise mais profunda, parece mesmo que a sociedade vive permanentemente assombrada. A insegurança é generalizada. Assim, dá até para questionar: é a sociedade assombrada que torna os homens inseguros, ou são os homens individualmente assombrados que tornam a sociedade insegura?

Tudo aponta para o fato de que cada homem que se sinta inseguro, logicamente, torna o todo social também inseguro. Isto significa dizer que cada um deve fazer a sua parte em termos de fé, de autoconfiança, de firmeza íntima e, acima de tudo, confiança em Deus, a maior autoridade do Universo.

Não seria essa fórmula uma das terapias para o medo?

Outra complicação que surge por parte do homem acuado pelo medo doentio, é o receio de que surjam problemas futuros que ele seja inapto para solucionar. E passa a ter medo de véspera. Ora, 'quem morre de véspera é peru', porque a festa de casamento é sempre no dia seguinte.

Uma terapia de apoio para esses casos consiste em o medroso dizer a si mesmo e se convencer do fato de que, se foi capaz de encontrar soluções para seus problemas até o momento, também é apto a resolver os futuros. Basta fixar essa ideia na memória, e adeus medo.

Quem acalenta o medo imaginário faz, por isso mesmo, enorme desperdício de energias psíquicas. Mesmo que algo de errado venha a ocorrer no futuro, alimentar o medo não evitará nada. É morrer de véspera, como dissemos. Contudo, precisamos separar o medo natural, necessário e benéfico, do medo imaginário, patológico, doentio.

É normal, por exemplo, ter medo de receber uma picada de cobra; de ser atacado por um cão raivoso; de receber um coice de cavalo; de ser apanhado pelas pontas de um boi; de ser atingido por um tiro de pistola; de receber golpe de uma faca-peixeira etc.

Esses tipos de medos são normais, por decorrerem do instinto natural de conservação da vida física de todo ser humano. É lei da Natureza, que também vige na espécie animal.

Nesse sentido, achamos oportuno lembrar a obra basilar da codificação espírita, *O Livro dos Espíritos*, onde Allan Kardec, na questão de número 702, inquire: "O instinto de conservação é uma lei da Natureza?"

Eis a resposta: "Sem dúvida, ele está presente em todos os seres vivos, seja qual for o grau de sua inteligência. Para uns, o instinto de conservação é puramente mecânico e para outros é racional."

O medo anormal consiste na pessoa, de forma doentia, se preocupar e esperar que aconteça aquilo que apenas existe em sua imaginação. É esse tipo de medo que se constitui em carrasco cruel da vida emocional.

É contra esse terrível algoz que você deve lutar e se armar com as forças da fé, da prece e da confiança nos poderes de Deus. Porque, por trás do problema, pode também existir a influência atormentadora de um espírito, que se aproveita da fraqueza do medroso para infelicitar a sua vida.

Aventamos essa hipótese porque tal realidade é inaceitável pela maioria dos psicólogos e psicanalistas. Se esses profissionais da medicina da mente abrissem os olhos para tal realidade, certamente conseguiriam restabelecer a saúde psíquica da maioria dos seus pacientes, muitos do quais procuram seus consultórios com distúrbios emocionais que não passam de fortes processos obsessivos ou, melhor dizendo, influências de espíritos enfermos.

Que tal se, no conjunto das suas terapias, incluíssem o Evangelho, o passe magnético e preces pelos espíritos desequilibrados que, pelo assédio, também adoecem suas vítimas?

Lembramos, por oportuno, que vêm nos dando este tipo de exemplo diversos profissionais renomados do mundo inteiro, entre eles o dr. Brian Weiss, em seus livros e em sua clínica nos Estados Unidos.

Em sua obra *Muitas vidas, muitos mestres*, ele e sua esposa se declaram médiuns e, no bom uso da faculdade mediúnica, juntamente com a sua equipe de colegas, conseguem recuperar o equilíbrio emocional e espiritual dos seus pacientes.

Eles também adotam as técnicas da regressão a vidas passadas para a cura de traumas, complexos crônicos, fobias e outros problemas que têm suas raízes em tragédias ocorridas nas existências anteriores dos seus pacientes.

O famoso dr. Brian Weiss não é espírita, mas tem profunda simpatia pelo espiritismo.

Embora o fato passe despercebido pela maioria das pessoas, todos nós carregamos na alma diversas forças negativas, entre as quais a culpa, a mágoa, a inveja, a maledicência etc. Entretanto, a mais terrível é o medo. Tanto que Jesus, prudentemente, sempre advertia seus discípulos contra esse cruel algoz.

Capítulo 4

As muitas causas do medo

Em nossa abordagem do capítulo anterior, dissemos que o ilustre Dr. Weiss, em suas técnicas de hipnose e regressão a vidas passadas, consegue curar distúrbios da alma, entre os quais as fobias. Realmente. O medo doentio, um dos nossos maiores inimigos, ao contrário do que pensam os profissionais da Medicina do corpo e da mente, tem suas matrizes no Espírito, ser imortal, e não no cérebro. Este é apenas a sede de comando daquele.

Como bem nos ensina o Espiritismo, não temos apenas uma única existência, mas diversas. Em cada uma delas, vivenciamos experiências positivas e negativas, que ficam armazenadas em nosso subconsciente.

Tais experiências sempre passam a ter reflexos em nossas existências futuras. Isto quer dizer, portanto, que nós já renascemos com a carga positiva ou negativa do nosso passado.

Essa verdade explica de forma racional que, em cada renascimento, o homem traz em si a herança do seu passado. É o que os antigos indianos chamavam de carma.

Essa realidade multimilenar, aceita e ensinada pelas religiões e filosofias das nações mais antigas da Terra, cava a sepultura e enterra para sempre o absurdo dogma de Adão e Eva como transmissores originais dos nossos pecados.

O medo anormal, ou mais propriamente a fobia crônica, patológica, pode ter suas causas em experiências negativas de anteriores existências – mais propriamente reencarnações fracassadas –, quando fortes sentimentos de culpa foram instalados, de forma indelével, em nosso subconsciente.

São os casos mal resolvidos do passado, que nos atormentam no presente em forma de fobias.

Mas os casos graves, de medos doentios, anormais, também podem ter suas raízes na vida atual do indivíduo, notadamente na infância. Uma infância, uma adolescência, uma juventude repleta de frustrações, deixa como saldo fortes cicatrizes na alma.

Todo caso não resolvido acompanha o indivíduo em suas sucessivas encarnações. Enquanto não solucionados, continuarão em pendência e atuando ativamente.

Outras tantas causas das fobias, reflexos da culpa que ainda se acha entranhada no subconsciente da nossa alma, podem ter suas origens em crimes hediondos que praticamos no passado das nossas existências, crimes que ficaram impunes. Mas a memória registrou e a consciência continua, hoje, exigindo a reparação do erro.

Os acontecimentos trágicos, de que fomos vítimas no passado, e que nos causaram fortes impactos emocionais, bem como traições de amigos e familiares, de correligionários políticos e sócios de empresas e outras tantas traições, podem também ser as raízes das fobias infundadas que hoje nos atormentam de forma dolorosa.

Segundo os conceitos da reencarnação, os casos de claustrofobia, ou seja, pavor de recintos fechados, podem ter suas causas nos casos de catalepsia (morte aparente), em que na vida passada o indivíduo foi enterrado vivo e despertou na sepultura, vindo a falecer depois por falta de oxigênio, sem a menor chance de socorro. Claro que o fato criou profundo trauma no espírito. Nesses casos, com a reencarnação, o espírito volta com o trauma em forma de claustrofobia, muitas vezes sem saber a causa do mal.

Eis aí, pois, o passado refletindo em nossa existência presente.

Essa é a realidade que os esculápios da mente precisam conhecer.

Para que se viva bem consigo mesmo, é preciso descobrir as causas do seu medo doentio, dos seus pavores, e discipliná-los, fazendo revisão de conceitos, mudanças na maneira de pensar, sentir e agir. Além disso, é necessário desafiar as situações de medos infundados e inúteis. Para isso, é indispensável fixar na memória a ideia positiva de que se é capaz de vencer o medo imaginário, seu grande inimigo.

Capítulo 5

Cure-se das amarguras

Há certos males que podemos evitar, principalmente aqueles que dependem da nossa vontade. Há pessoas que se tornam amarguradas, por exemplo, porque vivem presas ao passado de insucessos. A amargura é uma emoção venenosa. Toda criatura amargurada é um ser infeliz. O mundo, por incrível que pareça, está repleto de pessoas assim. E a quantidade delas aumenta de uma forma assustadora. De modo que, a cada passo do dia a dia, não é difícil encontrarmos criaturas amarguradas pelas separações conjugais, pela ausência dos filhos, pela desencarnação de pessoas amadas, pela perda de um braço, uma perna ou qualquer outro órgão físico; outras, porque perderam por um ponto o jogo da loteria, perderam a oportunidade de fazer determinados concursos, ou por não terem casado com a fada ou o príncipe encantado, e por outras tantas coisas mais.

As pessoas estão sempre encontrando motivos para se tornarem amarguradas.

Mas elas precisam se convencer, para o seu próprio bem, de que o que perderam é passado e, desse modo, é irrecuperável. Quem tem consciência dessa verdade, aquieta-se e passa a viver uma existência confortável e, portanto, de bem consigo mesmo e com a vida.

Essa realidade nos faz lembrar o que dizia um sábio da Antiguidade: "É irrecuperável e, portanto, não merece ser lamentado o leite derramado, a palavra dita, a pancada dada, a flecha atirada e a oportunidade perdida."

Jamais escutei verdade semelhante! Porque aquelas perdas, queiramos ou não, ficaram contabilizadas no 'livro dos perdidos'.

Devemos nos conscientizar de que nem tudo traz sucesso e nem tudo traz vantagens.

Além disso, é bom lembrar que o uso de uma boa filosofia de vida, de uma visão otimista e realista do mundo e dos acontecimentos faz muito bem ao espírito. Torna-nos saudável de alma e corpo.

É inegável que perder uma coisa muito importante para nós, ou mesmo perder alguém pela morte ou pela separação, muitas vezes inevitável, não é apenas desagradável, mas também nos golpeia forte e de frente.

Contudo, devemos estar conscientes de que Deus, ao nos criar, também nos programou para receber tais golpes com resistência. Ele nos fez fortes e capazes de enfrentar e resistir a todo e qualquer infortúnio. Sobretudo se tivermos aquela fé do Evangelho: "Se tiverdes fé do tamanho de um grão de mostarda, transportareis as montanhas."

Estas palavras de Jesus são motivações e estímulos para continuarmos vivos e ativos, além de nos convencerem de que somos capazes de remover do nosso interior as montanhas do medo, da amargura, das aflições descabidas, da culpa infundada, das inibições desnecessárias, dos traumas, das depressões, das ansiedades, das frustrações e tantas outras dificuldades interiores.

Devemos refletir que, para todos nós, a vida deve ter um sentido real e não ilusório. Esse conceito nos traz, inclusive, incentivo para viver.

Toda pessoa que acha que só e tão somente é feliz na companhia de alguém, está psicologicamente dependente. É uma ideia ilusória e, portanto, irreal. Está formando para si um cárcere sem grades. Esse pensamento errôneo causa depressão e outros transtornos emocionais.

Quem está assim encurralado, deve acionar os dispositivos psíquicos de substituição de ideias. Deve se convencer de que é capaz de ser feliz, independentemente da companhia de quem quer que seja. É a ideia positiva, substituindo a ideia negativa de dependência.

Não esqueçamos, jamais, que somente as ideias positivas têm o poder de substituir as ideias negativas que nos fazem sofrer.

Ora, em boa lógica, se aquilo que perdemos não pode mais ser substituído, o remédio é aceitar a perda e aprender a viver sem a coisa perdida. Esta é, portanto, a chave que liberta o preso daquela cadeia sem grades.

Você acha que é incapaz de conseguir a sua liberdade? Está muito errado! Pode, sim! O que o homem não pode conseguir com a sua força de vontade?

Todo homem possui em si mesmo o maior império da Terra: a vontade.

Dizia um sábio da antiga Grécia: "Coloca em minhas mãos a força de vontade, a determinação e a paciência, que eu governarei o Universo."

Não esqueçamos de que os recursos para alcançarmos os nossos objetivos dormem dentro de nós mesmos.

Senão, vejamos.

É lógico que se você quiser alcançar um objetivo, tanto material, quanto espiritual, necessariamente terá de se valer de três recursos indispensáveis: primeiro, convencer a si mesmo de que é capaz de conseguir; segundo, exercitar a força de vontade; e terceiro, ter paciência.

O Espiritismo, doutrina consoladora, aconselha-nos a aceitar resignadamente toda e qualquer perda em nossa vida, como prova ou expiações das nossas pretéritas existências, excetuadas aquelas perdas decorrentes do nosso próprio modo errado de proceder e pensar, dos abusos, da incúria, da negligência ou até mesmo do erro de cálculo.

As pessoas que têm o devido preparo espiritual, quando são golpeadas pelas perdas, aceitam a infelicidade sem revolta e a elas se ajustam muito bem. Quando não, se tornam profundamente amarguradas. E passam a ter a revolta como companheira inseparável.

Sofrem mais. Todo fardo carregado com resignação torna-se menos pesado.

Pessoas amarguradas com o seu passado sofrem e fazem sofrer os que as cercam. Parece mesmo que elas se acham presas a um processo obsessivo de autopunição, motivado por um sentimento de culpa oculto no recesso da alma.

O aconselhamento a essas pessoas é de que esqueçam o passado, que ainda vive como fantasma em sua mente; desejem sinceramente ser felizes; desejem estar de bem consigo mesmas, com os outros e com o mundo; e recordarem somente os acontecimentos felizes do passado. Nada mais.

Todo estado espiritual de amargura é reversível. A cura está na alma do próprio amargurado.

Capítulo 6

Liberte-se da culpa e do remorso

O sentimento de culpa é outro inimigo da alma. Traz o remorso como seu companheiro inseparável. É um algoz oculto e cruel. Já imaginaram alguém assassinar uma criatura inocente? Matou a pessoa errada. Inevitavelmente virão culpa e remorso, como carrascos da consciência. E dependendo da gravidade do mal, a culpa se prolongará até depois da morte, e seguirá o culpado, como uma sombra, através das futuras encarnações.

Recordemos um caso típico de culpa e remorso profundos. Na Grécia, mais especialmente na tragédia escrita por Sófocles, conta-se que Édipo, levado pela curiosidade natural de conhecer as suas origens, fora informado de que era filho do rei Laios, a quem assassinou para se casar com Jocasta, sua mãe.

O conhecimento dessa verdade cruel foi para ele uma tragédia. Despreparado para enfrentar essa dura e crua realidade, desequilibrou-se e arrancou os próprios olhos, como autopunição. Mesmo assim, o fantasma do remorso o acompanhou vida afora.

O desequilíbrio de Édipo foi tão grave, mas tão grave mesmo, que ele, ao tentar resolver um problema, criou outro mais grave e irreversível. É o que normalmente acontece com a maioria das criaturas: tentam resolver um problema e criam outro ainda mais complicado.

São esses casos e outros similares que geram as amarguras, os traumas e tantos outros distúrbios psíquicos, inexplicáveis para os médicos, mas perfeitamente explicados pela lei dos renascimentos.

A consciência não dorme. Qualquer que seja a falta cometida contra o próximo, ela é uma violação às leis divinas.

A lei de causa e efeito exige a reparação, inevitavelmente. Somente depois da reparação é que a culpa e o remorso desaparecem. Primeiramente, a consciência exige o arrependimento sincero; depois, a reparação, que consiste na prática do bem, principalmente a quem foi feito o mal. Para tanto, as leis de Deus reaproximarão as partes, algoz e vítima, em processo reencarnatório.

Esse é o perdão que Deus faculta aos culpados. Porque ninguém, ninguém mesmo, fica devendo sequer um ceitil à Justiça Divina. Se ficar devendo, não conquistará o reino celestial.

Essa realidade é confirmada por Jesus em seu

Evangelho (Mateus, 5:25-26).: "Reconciliai-vos o mais depressa possível com o vosso adversário, enquanto estais com ele a caminho, para que ele não vos entregue ao juiz, o juiz não vos entregue ao ministro da justiça e não sejais metido em prisão. Digo-vos, em verdade, que daí não saireis, enquanto não houverdes pago o último ceitil."

Não deixaremos de voltar à prisão do corpo, pela reencarnação, enquanto estivermos devendo às leis de Deus.

Há muitos sentimentos de culpa que podem ser evitados, fazendo-se bom uso da razão. E dessa forma, igualmente muitas amarguras pelo remorso podem e devem ser eliminadas. É assim que ficaremos em paz com a nossa própria consciência, sobretudo em relação às culpas de somenos importância. Isto vai depender da sensibilidade de cada pessoa.

Existem criaturas que são tão sensíveis, que se sentem culpadas até mesmo pelas ocorrências mais insignificantes, geralmente quando querem ser agradáveis a tudo e a todos. Essa sensibilidade deve ser disciplinada pelo bom-senso. É somente ausência de educação.

As regras de autoanálise, bem como uma boa compreensão da vida, das pessoas e das ocorrências de rotina podem solucionar o problema da culpa desnecessária.

Há muitos pais que se sentem culpados por não terem dado aos filhos a educação escolar de que merecem; por não terem dado o carinho e as atenções devidas; por não poderem deixar para os filhos uma grande fortuna após a sua morte; por não terem disponibilizado a eles dinheiro para desfrutarem da vida como quisessem; por não terem dado a eles uma vida social de destaques e evidência etc.

Esse sentimento de culpa é falso. Portanto, em hipótese alguma deve ser alimentado. Isto, porque, primeiro: os pais têm os seus limites e só fazem o que podem. Demais, se derem aos filhos uma vida de superabundância, claro que os excessos podem certamente desviá-los do bom caminho, desvios que os próprios pais são responsáveis e, por conseguinte, irão, mais cedo ou mais tarde, responder junto a Deus, nas prestações de contas, por não terem bem desempenhado a missão da paternidade.

A carência tem a vantagem de disciplinar o caráter.

Uma das manifestações do sentimento de culpa é castigar-se a si mesmo. Ou a autopiedade, punindo-se pela culpa. É aí que o remorso castiga com todo o seu peso de crueldade.

Essa atitude não traz nenhuma vantagem, nem ao menos alivia coisa alguma. Complica. A solução é fazer o bem em qualquer sentido. Jesus ensina, em seu

Evangelho, que o amor apaga uma multidão de pecados. Dessa verdade não temos a menor dúvida.

Jamais devemos esquecer que, de tudo o que fizemos de errado – e ainda iremos errar muito, porque somos almas em vias de progresso, marchando para Deus –, devemos tirar algum proveito como lição.

Todo mundo sabe que a vida é uma escola. As lições vêm de todos os lados. O segredo é saber aproveitá-las.

É vivendo e aprendendo.

Capítulo 7

Aprenda o hábito da autoconfiança

Às vezes escuta-se pessoas adultas, e até mesmo de idade já avançada, dizerem que não possuem confiança em si próprias. É provável que tenham adquirido esse mau hábito na infância, na adolescência ou até mesmo na juventude, devido, talvez, à deficiente educação do lar.

A falta de autoconfiança sempre traz problemas, às vezes insignificantes, mas muitas vezes, sérios.

As pessoas que não conseguem alcançar as suas metas, quase sempre falham na fé em sua própria capacidade. Criaturas assim nem acreditam em si, nem na conquista das coisas que desejam conseguir. Essa falha funciona em empregos, em concursos, em realizações de provas escolares, relacionamentos afetivos, enfim, em tudo na vida.

Essa ausência de confiança pode ser o foco de todo e qualquer insucesso e de tantas outras dificuldades. E pode até levar o indivíduo ao desespero, se não aplicar ao mal a terapia correta. A consecução das coisas boas e belas da vida está, sem dúvida, na autoconfiança.

Uma vez que a falta de fé em si mesmo é um problema na vida da pessoa, para a cura é preciso, em primeiro lugar, compreender o problema, saber o que ele é, inquirindo: "Por que eu não confio em mim mesmo?" Com essa pergunta, você começa a descobrir as causas da sua falta de fé.

Essa fórmula tem sido recomendada por profissionais de grande prestígio. E tem cabimento, porque a cura dos efeitos inicia-se com a descoberta das causas. Como se pode aplicar a terapia indicada ao mal da falta de confiança em si mesmo, se antes não se descobre suas causas íntimas?

Como combater causas que não conhecemos?

Quando são descobertas as causas, o remédio consiste em simplesmente substituir as ideias da falta de fé por ideias positivas, de fé e segura confiança em si mesmo. É substituir um mau hábito enraizado – há quanto tempo? – por um bom hábito atual, novíssimo.

Aprendendo o hábito positivo da autoconfiança, aprenderemos a acreditar em nós mesmos. Aí está o segredo das nossas vitórias pessoais. Vitórias em todos os sentidos da vida: moral, espiritual, material etc.

A fé num Poder Supremo e a confiança em nós mesmos são capazes de realizar grandes coisas.

Quem não possui essa fé, enquadra-se nesta advertência que Jesus fez aos seus discípulos, ao lhe apresentarem um mancebo assediado por espíritos perturbadores: "Se não o curastes, foi porque não tínheis fé."

Não podemos esquecer o mestre Allan Kardec, em *O Evangelho segundo o espiritismo*, capítulo XIX, ao elucidar que a fé é a "confiança que se tem no cumprimento de uma coisa" e a "certeza de se atingir um objetivo".

Esta fé, esta autoconfiança, segundo o codificador do espiritismo, dá ao indivíduo a lucidez que lhe permite ver, em pensamento, o objetivo que deseja alcançar, assim como os meios de lá chegar. Quem tem esta autoconfiança, caminha com absoluta segurança.

Kardec vai mais além. Diz que a fé sincera e verdadeira é calma e paciente. Por isso mesmo, não se exaspera. Não é precipitada, porque tem o seu sustentáculo na inteligência e na compreensão das coisas. Por essa razão, tem a certeza absoluta de chegar à meta visada.

Por outro lado, segundo as elucidações de Kardec, quando a fé vacila, torna-se fraca pela sua própria natureza e "quando ela é estimulada pelo interesse, torna-se furiosa, e crê suprir a força com a violência".

Allan Kardec encerra: "A calma na luta sempre é

um sinal de força e de confiança; a violência, ao contrário, é uma prova de fraqueza e de dúvida sobre si mesmo."

Acreditar em si mesmo é a chave que abre as portas das transformações interiores do homem, que deseja ardentemente sufocar o homem velho que carrega em si e fazer surgir uma criatura nova, melhorada, reformada, com um novo polimento moral e espiritual, como falava o apóstolo Paulo em suas pregações. Com relação à autoconfiança, há outros aspectos a considerar. Nenhuma criatura possui a autoconfiança dos deuses, muito menos a completa fé em si mesma. Mas também ninguém é totalmente desprovido de autoconfiança. Tudo na vida é relativo.

De acordo com os complexos de inferioridade que cada indivíduo carrega em si, procedentes de outras vidas, ou mesmo da atual existência, uns têm autoconfiança para determinadas coisas, e para outras, não.

Neste sentido, pode acontecer, por exemplo, que uma professora se sinta muito à vontade em sua sala de aula, na presença dos seus alunos; mas se for convidada a apresentar um trabalho na faculdade, na presença de professores e colegas, se sinta tensa, insegura, inibida. Quer dizer, falta-lhe autoconfiança.

Um orador espírita pode se sentir seguro em suas pregações nos recintos espíritas, mas pode não se sentir tão seguro em outros recintos diferentes. Quer dizer, falta-lhe fé em si mesmo.

O apóstolo Pedro, que se tornou modelo de fé diante dos seus colegas, no momento da intensificação das perseguições por parte dos judeus ao cristianismo, negou ser seguidor do Cristo, e o fez três vezes seguida, como havia previsto o próprio Jesus.

Em contrapartida, Maria de Magdala (ou Maria Madalena), ao se converter ao cristianismo, em todos os momentos críticos das perseguições, sempre se declarou amiga, protegida e seguidora do mestre Jesus.

As situações que levaram Pedro à negação não tiveram o mínimo efeito em Maria de Magdala.

Como é possível entender, os motivos que amedrontam a uns servem de motivações e estímulos para a autoconfiança de outros. Tudo é relativo, como já dissemos.

É importante aprendermos o hábito da autoconfiança, para o nosso bem-estar espiritual.

Capítulo 8

Dê adeus à tristeza

A tristeza é mãe da amargura. Toda pessoa triste sente-se solitária e, por isso, cria o seu próprio mundo de amarguras. Julga-se infeliz. É desanimada. É apática. Perde o gosto pela vida. Este problema causa aflições desesperadoras. Porém, como se trata de um problema da alma, o quadro pode ser revertido, se você quiser e se esforçar para isso.

Se a sua tristeza for causada por um espírito desencarnado, que se encontra do outro lado desolado, triste, amargurado, a situação também pode ser reversível.

Independente da influência espiritual, a tristeza pode ter suas raízes em frustrações resultantes de decepções afetivas, as quais, quando profundas, também podem oferecer boa pastagem a entidades infelizes do Além.

A vítima da tristeza, enfraquecida pelo seu despreparo para enfrentar a situação, e até mesmo porque lhe falta autoconfiança, deve procurar reforço para as suas potencialidades emocionais ou psíquicas; deve buscar reforço no Evangelho e em terapia de apoio no centro espírita, onde receberá passes magnéticos, com simultânea orientação a si mesma e ao espírito sofredor que a acompanha.

Além dessa prioridade espiritual, não se deve esquecer que a prece a Deus, com fé sincera e ardente, é um remédio gratuito para todos os infortunados pela tristeza.

Até mesmo porque nosso Criador não nos fez, nem nos colocou aqui no mundo das formas físicas, para vivermos fechados para a vida, macambúzios, infelizes. Nada disso. Até mesmo em nossas provações e expiações de erros do passado, Deus quer ver-nos fortes, firmes, seguros e alegres.

Felizes, enfim! E não tristes e derrotistas.

Você, que vive triste, sem ânimo, profundamente pessimista, solitário, desenganado, sem iniciativa para nada, sem gosto pela vida, tenha cuidado!

A responsabilidade pode ser sua.

Você é uma pessoa sem fé. O problema pode estar em sua visão distorcida das coisas.

Com essa visão errada, você pensa, sente e age erroneamente. Mas você pode e deve reverter a situação. Basta querer.

Faça bom uso das suas potencialidades interiores,

que Deus lhe deu de presente e por misericórdia. Não as desperdice sem necessidade.

Lembre-se de que todos nós renascemos para ser felizes. É isto que o nosso Pai celestial deseja.

Nenhum pai humano quer que seus filhos vivam tristes e desanimados. Será que Deus é diferente? A tristeza é uma prisão sem grades. A chave dessa liberdade está em nossas mãos. Creia nisso, sem a menor vacilação.

É oportuno lembrar que Deus não criou a Natureza para Ele. Criou-a para todos os seres vivos, principalmente para a espécie humana, sua obra-prima. Precisamos explorá-la beneficamente, sem exageros, sem abusos. E se assim é, por que vivermos tristes e desanimados?

Como a tristeza é desnecessária e, portanto, evitável, devemos resistir energicamente às suas manifestações em nossa alma, bem como a todos os sentimentos e emoções que possam tornar frágil a nossa vontade.

A recomendação do Evangelho é de que nos tornemos cativos do bem, e não do mal.

É verdade que a felicidade ainda não é deste mundo, face ao grau de evolução (ainda inferior) dos espíritos aqui reencarnados.

O planeta Terra ainda é de expiações e provas, como bem o diz Kardec. Mas cada indivíduo pode, querendo, transformar sua vida de pior para melhor e, assim, vivenciar uma existência saborosa, graciosa, ativa, construtiva, útil, e conquistar uma felicidade relativa. Depende do livre-arbítrio de cada homem. Deus, ao contrário do que muita gente desinformada pensa, não constrói o destino de nenhum dos Seus filhos. Cada um é o artífice, o construtor do seu próprio futuro.

Hoje, aqui e agora, somos o resultado das nossas existências anteriores, ao mesmo tempo em que construímos a felicidade ou a infelicidade das nossas futuras encarnações, que serão aqui na Terra ou em mundos piores ou melhores que o nosso. É lei da vida. É exigência da lei natural de progresso dos seres humanos.

Precisamos descobrir os motivos das nossas tristezas e nos educarmos, substituindo as ideias e as imagens tristes da nossa mente por ideias e imagens alegres, otimistas, sadias, felizes.

Capítulo 9

Melhore as relações com seus semelhantes

Há pessoas que têm a arte natural de dar-se bem com os seus semelhantes. Embora alguns indivíduos sejam assim naturalmente, outros adquirem esse hábito por meio da leitura de livros especializados no assunto. Estes últimos, porém, no fundo da sua personalidade, são bem diferentes.

São aqueles indivíduos que apenas possuem o verniz social. São tratáveis e simpáticos apenas 'de fachada'. Mas quando seus calos são pisados, comportam-se como realmente são por dentro. Revelam sua verdadeira personalidade.

Não esqueçamos que as atitudes são o retrato de corpo inteiro do nosso caráter. Exibem seu retrato interior, colorido de azedume, aspereza, cruel rigidez, dureza ferina. Às vezes se comportam dessa forma com premeditada intenção de ofender, ferir, magoar. E sentem grande prazer por isso.

São pessoas de personalidade enferma. Essas criaturas ácidas, intratáveis, onde quer que estejam criam problemas com todo mundo. São seres indesejáveis.

É provável que as causas de tais distúrbios da personalidade tenham suas origens em uma infância de humilhações, às vezes também somada a um mau casamento.

Esses dois fatores geram traumas, que nos fazem agir de maneira arredia, grosseira, antipática. Passam a se tornar efeitos naturais da parte de criaturas que ainda se acham estigmatizadas por tais problemas.

Os indivíduos que ainda carregam esses traumas podem se melhorar, caso tenham boa vontade para isso. Nenhum problema é insolúvel, notadamente quando se trata de problemas da alma que, para melhora ou agravamento, dependem da nossa firme força de vontade.

Parece que o ser humano tem uma tendência natural de se deleitar, ou de se comprazer com suas deficiências morais. Alguns fazem o mal porque gostam e se sentem falsamente felizes pela prática. Outros, no entanto, por fraqueza de vontade.

A história está repleta de homens que conseguiram vencer grandes batalhas, descobrir grandes coisas, realizar grandes proezas e incríveis feitos heroicos, mas não conseguiram ter vitórias sobre os seus vícios morais. Acovardaram-se diante da coragem de governarem a si mesmos.

A história da antiga Roma é um celeiro de grandes personalidades da guerra e da política. Temos os exemplos de dois notáveis: Caio Júlio César e Marco Antônio, que abandonaram seus compromissos de homens públicos, permitindo-se ambos serem governados por paixão doentia pela sedutora Cleópatra, rainha do Egito.

E daí a queda e destruição de ambos. O primeiro foi estupidamente assassinado no átrio do Senado romano, tendo como líder da conspiração o seu próprio filho adotivo, Brutus, e o segundo, suicidou-se.

Esses grandes homens aprenderam a conquistar outros povos, escravizá-los e tornar o Império romano cada vez maior, mais poderoso, mas foram fracos na conquista de si mesmos. Deixaram-se dominar pelas próprias paixões.

Assim é a criatura humana em nosso estágio evolutivo.

Para nos darmos bem com nossos semelhantes, não é preciso necessariamente fazer o que eles querem, nem aprovar tudo que eles dizem, nem pensar com a cabeça deles, parecendo bonzinhos ou agradáveis.

Quem assim se comporta, geralmente tem algum interesse guardado, que será manifestado depois. Por outro lado, para conseguirmos os nossos objetivos, não é preciso pressionar as pessoas e dominá-las a nosso bel-prazer. Isto não funciona. As pessoas entendem, não gostam dessa técnica e acabam se afastando de nós.

Sejamos autênticos em nossas relações com o próximo, mas prudentes, para não ferir ninguém intencionalmente, não magoar e nem usar de franqueza rude, áspera. Isto aborrece e distancia de nós os semelhantes, principalmente os amigos.

O conselho dos especialistas em relacionamento humano é de que adotemos três regras muito simples: primeiro, você deve se aceitar como é, desejando mudanças para melhor; segundo, aceitar seus semelhantes como eles realmente são; e terceiro, aceitar a vida como realmente ela é, sem as fantasias de um paraíso sem problemas e de príncipes encantados e fadas.

Quem tem essa visão do mundo e da vida, possui a arte de bem viver e melhora muito o relacionamento com seus semelhantes. Quem age assim tem um verdadeiro relacionamento cristão.

Capítulo 10

Programe-se e mude
sua vida para melhor

`H`á quem afirme que a mente humana é mais poderosa do que o mais moderno computador. É a maior verdade! Por isso, devemos programar a nossa vida para termos uma existência mais proveitosa, mais organizada, mais saudável, mais bem sucedida, mais tranquila, enfim, mais feliz.

Para isso, precisamos estabelecer metas, pois do contrário tudo desanda, tudo vai por água abaixo, como se diz na linguagem popular.

Ninguém pode viver alheio à vida, sem caminhos, sem anseios, sem objetivos a alcançar.

Este parecer é válido para as realizações humanas, porque somos todos espíritos reencarnados em evolução; também é válido para as mudanças das qualidades da alma, como preparação para a vida depois da morte.

Precisamos todos de uma prévia programação de vida. Esta é uma necessidade tanto para nós, que somos espíritos reencarnados, quanto para os desencarnados, que também se programam no mundo espiritual para retornarem em novos corpos, pela lei da reencarnação.

Programam-se e escolhem as provas e o gênero de vida que terão aqui no mundo da matéria. Esta escolha, como ensina o espiritismo, se dá por meio do livre-arbítrio, faculdade natural dos espíritos encarnados e desencarnados.

Um exemplo vivo das vantagens de uma prévia programação de atividades é o das empresas. No final de cada ano, elas fazem um balanço, avaliam os lucros e perdas e, no final, verificam se houve um resultado vantajoso. Com essa base fundamental, programam-se para o ano seguinte e estabelecem suas metas de trabalho e progresso.

Assim também ocorre com as criaturas, tanto as encarnadas, como as desencarnadas. Porque, tanto no plano das atividades humanas, como no das atividades espirituais, tudo deve obedecer à lei universal de progresso.

Em tudo na vida precisa haver ordem, disciplina, metas e progresso.

As organizações do mundo espiritual também adotam essas regras.

Dá gosto ver o espírito André Luiz, em suas obras psicografadas por Chico Xavier, e Waldo Vieira, descrevendo as organizações das colônias espirituais próximas da Terra, narrando as atividades dos espíritos trabalhadores do bem, inteiramente dedicados à recuperação de entidades deseducadas e infelizes, porque ainda continuam escravas da matéria.

É prazeroso ver o espírito Emmanuel, em seu magnífico romance *Paulo e Estêvão*, descrevendo a ordem, a disciplina, a organização das atividades realizadas pelos apóstolos na chamada "Igreja do Caminho" ou "Casa do Caminho", em Jerusalém, o maior núcleo do cristianismo da época, onde a meta era sempre a criatura humana, mais necessitada de pão espiritual do Evangelho do que propriamente de alimento material.

Todos os colaboradores mais diretos, bem assim os voluntários, se programavam para a realização das atividades de assistência espiritual e material aos sofredores em geral, independente das suas crenças.

Emmanuel, na mesma obra, narra a transformação de Saulo de Tarso para Paulo de Tarso, o apóstolo que não conheceu pessoalmente o Cristo, programando-se para iniciar a realização da segunda parte da gigantesca obra do cristianismo. Jesus, já ressuscitado, após o seu encontro com Paulo na estrada de Damasco, convidou-o para o trabalho, e ele aceitou sem questionar coisa alguma. E foi assim que o Cristo o chamou de "meu vaso escolhido".

Contudo, o grande Paulo teve de se programar para a realização do trabalho de divulgação do cristianismo. Sua meta não era outra senão dar continuidade à obra do Cristo, que o convidou para isso.

O apóstolo Paulo de Tarso, que tomou a defesa dos gentios e que se tornou amigo dos materialistas e ateus da época, para ganhar seus corações e atraí--los para o cristianismo, por amor ao Cristo e ao seu Evangelho, transformou a sua vida. Do homem velho surgiu o homem novo, mudado, transformado, como ele próprio afirma em uma das suas epístolas.

Estes exemplos nos trazem motivações e estímulos para que nos programemos e sigamos em frente, visando os objetivos que a existência presente nos disponibiliza.

Mude sua vida para melhor, programando-se!

Capítulo 11

Liberte-se do pavor da morte

Ideia fixa, pouco a pouco vai se tornando um problema na vida de qualquer cristão. A tendência é crescer, crescer até ficar incontrolável. E o pior é que, quanto mais você se esforça para retirá-la da mente, mais ela se fixa. É o que se chama reversão ou efeito reversivo.

Algumas pessoas têm tanto medo da morte, pavor mesmo, a ponto de parecer que em cinco minutos elas já estarão no ataúde, enfeitadas e prontas para o sepultamento.

É incrível esse pavor! Porém, com pavor ou não, a fatalidade da partida desta para a outra vida é inevitável e necessária. Tudo que nasce tem que morrer, para depois renascer mais aperfeiçoado. É um decreto-lei da Natureza, atendendo às exigências da lei universal de evolução dos seres vivos.

Mas há criaturas que criam, em sua imaginação doente, a ideia fixa de pavor da morte, imaginando o dia, a hora, os minutos, o tipo de doença e a forma da partida. Consideramos uma doença da alma, porque tal pessoa está fisicamente perfeita e saudável. Esse pavor infundado é um distúrbio do espírito.

Temos amigos e conhecidos no mundo espiritual que, quando aqui encarnados, manifestavam aversão ao espiritismo, porque este, entre outros tantos fins, objetiva preparar o homem para entrar no outro lado da vida educado para as realidades espirituais.

Àqueles amigos, bastava falar em morte que eles demonstravam verdadeiro pavor, e se afastavam aborrecidos. Porém, como a vida traz lições a cada passo do caminho, e a morte não manda aviso prévio, estão hoje todos integrados na sociedade dos mortos--vivos, tranquilos, calmos, conscientes, e até mesmo achando que foram uns tolos, tendo pavor da morte.

Por outro lado, enquanto há aqueles que fixam na mente o pavor da morte, existem outros que desejam morrer o mais depressa possível, e até que aumentam a intensidade dos seus vícios, a fim de apressá-la.

Recordamos um caso interessante contado pelo psicólogo e hipnólogo norte-americano dr. Paul Adams, em seu livro *Ajuda-te pela nova auto-hipnose"*, no capítulo VII.

Esse ilustre especialista em psicologia relata que um cidadão de meia-idade foi acometido de forte ataque cardíaco. E fixou no espírito a ideia de morrer o mais rápido possível. Seu médico o aconselhou a permanecer em repouso absoluto, podendo apenas receber a visita da esposa. Desobediente, levantava-se e andava de um lado para outro e até subia e descia uns degraus. Proibido de fumar, embora fumasse pouco, aumentou para três maços de cigarro por dia. Outro médico e psicólogo, dr. William Bryan Jr., foi convidado para ser consultor especial do doente. Submetido à análise profunda, através da hipnose, o paciente revelou a ideia fixa de morrer de qualquer maneira. A ideia havia se alojado no subconsciente e este exigia a consumação da desencarnação antes do tempo. Fato interessante é que o dr. Bryan descobriu que seu paciente se identificava perfeitamente com um tio falecido de infarto, mas que passou muitos anos acamado e sofrendo bastante. Porém, antes do infarto fatal, sem necessidade alguma, extraiu todos os dentes. E o tio havia desencarnado mais ou menos na mesma idade do sobrinho.

O mais interessante desta história é que os médicos não descobriram o porquê da perfeita identificação entre ambos: tio e sobrinho.

Segundo o dr. Bryan, o paralelo entre o homem infartado e seu tio morto era tão perfeito, que o paciente também mandou, sem necessidade alguma, extrair todos os seus dentes, como o fez seu tio falecido.

Apesar de bem assistido pelo seu médico, o homem infartado ainda continuou por bom tempo com a mesma ideia fixa de morrer, como se fosse um caso de autopunição, decorrente de uma revolta ou mesmo de um forte sentimento de culpa, ou outros motivos similares.

Depois de tratamento especializado, realizado pelo dr. Bryan, convencendo-o do valor da vida, da importância da fé em Deus e da confiança em si mesmo, o homem retirou da mente a ideia fixa de morrer. E as sequelas do infarto diminuíram bastante.

Provavelmente, o homem infartado tinha muita admiração pelo tio falecido. E, ao se defrontar com o mesmo problema que levou o tio à desencarnação, certamente passou a sintonizar com ele, então desencarnado.

E o espírito do tio, despreparado para entrar no mundo espiritual, com certeza passou a assediar o sobrinho. Daí a forte ligação entre ambos, que se revelava pela identificação ou paralelo dos problemas do "morto" com os do vivo.

Cremos ter havido entre eles um caso de obsessão. Foi um "encosto", como vulgarmente se diz aqui no Nordeste.

Mas a terapia usada pelo médico e psicólogo ajudou o espírito do tio a se desligar do sobrinho.

Valeu!

Capítulo 12

Enfrente a morte com naturalidade

*A*o falarmos com os céticos sobre a certeza de vida depois da morte, eles repudiam a ideia e se justificam dizendo que ninguém veio de lá para confirmar.

Ora, quando essa rejeição parte dos materialistas, tudo bem. Mas quando a ideia parte de adeptos de religiões ditas cristãs, aí a coisa muda de figura. Como uma religião que tem suas fontes de doutrina no cristianismo pode negar de forma absoluta a sobrevivência da alma após a morte do corpo?

As Escrituras, notadamente os Evangelhos, os Atos dos apóstolos, o Apocalipse, enfim, todo o Novo Testamento é um autêntico celeiro de fatos que comprovam a existência de vida depois da morte. Porque os ensinos bíblicos não são apenas para os homens materiais, nem tampouco para os cadáveres, mas sim para os espíritos, para a vida futura.

Porventura não existisse vida depois da morte, que objetivo teria a vinda do Cristo? Teria ele vindo tão somente para educar o homem para uma única existência?

O Cristo veio ao mundo a fim de preparar o homem para o "depois da morte" e educá-lo para retornar em outro corpo, mais aperfeiçoado, mais virtuoso, com uma carga mais suave de sofrimentos. É a lei da reencarnação.

Ainda bem que Jesus, para confirmar essa verdade, acompanhado dos apóstolos Pedro, Tiago e João, teve um encontro no monte Tabor com os espíritos dos profetas Moisés e Elias, mortos séculos e séculos antes. E o mais interessante é, pois, que a Bíblia não diz que o Mestre dialogou com o demônio. Absolutamente! Interessante também é que os três apóstolos não foram vítimas de uma ilusão de ótica, não eram tolos, nem tampouco foram acometidos de uma crise de alucinação.

Eles tiveram visão perfeita dos profetas mortos e, para provarem a sua perfeita lucidez de juízo ou sanidade mental, perguntaram ao seu Mestre se ele queria que fizessem três tendas: uma para Jesus e as demais para os espíritos dos antigos profetas de Israel.

Que explicação darão os materialistas das igrejas ditas cristãs?

A morte não existe. Existe a mudança da vida material para o plano espiritual. Por isso, não se deve temer a morte.

O medo da morte é uma consequência desastrosa

da falta de educação por parte das religiões tradicionais. A responsabilidade é delas, porque sempre ensinaram que a morte é o preço do pecado.

Esse absurdo ensinamento não educa, apenas e unicamente amedronta, intimida, ameaça, cria pavor. E nessa ignorância vive grande parte das criaturas. O espiritismo, em contrapartida, educa e prepara para a morte.

Não resistirá por muito tempo toda e qualquer religião, cristã ou não-cristã, que não tenha suas bases doutrinárias na existência de Deus (o de Jesus, e não o de Moisés), na existência do espírito e sua sobrevivência após a morte (consciente e possuindo todas as suas faculdades), na volta do espírito a novos corpos pela lei da reencarnação, nas manifestações dos Espíritos através dos médiuns, na lei de causa e efeito, nas provas e expiações e na existência de outros mundos habitados por seres em diversos graus de evolução.

Todos estes princípios, bem meditados, bem reflexionados, removem de nós o medo ou o pavor da morte.

A educação que nos dá o espiritismo ajuda-nos a enfrentar o fenômeno da morte com naturalidade.

Mas há pessoas que temem a passagem deste mundo para o outro porque sentem a consciência culpada e, assim, desconhecem o que lhes aguarda no Além.

Os materialistas (religiosos ou não) temem, porque se acham ainda muito ligados aos prazeres da carne e não querem deixá-los assim. Ao serem acometidos de enfermidades mais graves, o temor da morte aumenta a sua ansiedade e lhes cria uma espécie de neurose. Todavia, com desculpas ou sem desculpas, com ansiedade ou sem, com depressão ou sem, com medo ou sem, querendo ir ou não, a morte é fatal e comum a todos os seres vivos. É um fenômeno biológico de renovação e reciclagem da própria Natureza.

Sugerimos aos incrédulos destas verdades que perguntem a Deus porque Ele criou essa lei natural. E aguardemos a resposta...

O sábio chinês, Confúcio, dizia: "Uma boa vida é uma boa morte".

Capítulo 13

Tenha cuidado com suas atitudes

Todas as criaturas humanas tomam atitudes. Elas são boas ou más, de acordo com as qualidades do caráter de cada indivíduo. As atitudes são o retrato de corpo inteiro do que se passa no mundo interior das pessoas. Estas, por mais cuidadosas, por mais hábeis, não conseguirão ocultar por muito tempo as chagas morais que lhes marcam o caráter.

O caráter, como já sabemos, é formado por um conjunto de hábitos, que podem ser bons ou maus. Quando a criatura é de bom caráter, evidentemente seus hábitos são saudáveis e, portanto, suas atitudes são igualmente sadias. Quando é de mau caráter, é evidente que seus hábitos não são bons e, portanto, suas atitudes também não são saudáveis.

Com relação à questão da revelação das atitudes do indivíduo, este não consegue fingir por muito tempo. A qualquer instante, e de acordo com as situações, ele expressa as suas qualidades e sentimentos mais íntimos. É a fotografia das boas ou más qualidades que se acham arquivadas em seu subconsciente.

É isto que gera o hábito, o costume de se comportar desta ou daquela maneira. É o hábito que o faz agir, ou falar, ou mesmo tomar atitudes, muitas vezes inconscientemente. Diz o adágio que "o hábito faz o monge". É pura verdade.

Precisamos cultivar os bons hábitos, valorizar as atitudes sadias, para que a vida diária se torne mais agradável, mais confortável, menos infeliz.

Em nossas mãos está o segredo de transformar uma existência, para que tenha sempre boa qualidade. Não esperemos, pois, que as outras pessoas façam isso por nós.

Cada um deve fazer a sua parte!

O espírito Joanna de Ângelis, pelo lápis mediúnico de Divaldo Franco, em mensagem publicada pela revista *Reformador*, em sua edição de março de 2006, diz: "Os hábitos saudáveis conduzem à felicidade, à harmonia, enquanto que aqueles perturbadores respondem pelos desequilíbrios, gerando transtornos emocionais."

Uma vez que as atitudes são respostas dos hábitos alimentados pelos pensamentos, é imprescindível manifestarmos atitudes seguras, firmes, construtivas em relação ao que desejamos, sem, contudo, termos de passar por cima dos outros. Isto, para que a vida nos dê uma resposta correspondente, uma existência sadia.

É importante realçar, no entanto, que as atitudes negativas, nascidas dos maus hábitos, podem ser transformadas. Para isto é preciso que o indivíduo tenha força de vontade. Nutrir o desejo sincero de transformar-se por dentro.

Ora, se a própria Natureza está em permanente reciclagem, por que as criaturas humanas também não o fazem? A chave está em sua força de vontade. Quando se quer, quando se deseja com sinceridade, tudo se consegue mais facilmente.

Existem pessoas, por exemplo, que cultivam o hábito de imaginar coisas que supõem poder acontecer no futuro, como se fossem futurólogas e, ao mesmo tempo, se desgastam pensando ou relembrando ocorrências infelizes do seu passado. Isto é muito desgastante. Geram amarguras, angústias, tristezas, que deságuam nas águas barrentas do rio da depressão.[1]

Este estado de espírito pode levar o indivíduo a atitudes agressivas, caso não tenha preparo espiritual para se controlar.

É natural, porém, que este estado de espírito possa ser evitado.

A terapia para atitudes de tal natureza é recordar

---

1 – "Recordar um passado infeliz é magoar velhas feridas", diz o Espírito Emmanuel.

momentos agradáveis, situações felizes do passado, fazer planos para o futuro etc. Essa forma cria um ambiente psicológico sadio, alegre, otimista, construtivo em todos os sentidos. O segredo está em substituir um estado de espírito negativo, deprimente, por outro positivo. E assim a vida se tornará mais venturosa.

Evidentemente, uma pessoa normal não vai viver de sorrisos nos lábios e de leviandade com tudo e todos, com os dentes abertos para todos na via pública ou mesmo para enfrentar as situações que exigem seriedade e firmeza de posição. Isto, não! Mas também não é normal tratar os semelhantes com azedume, viver de carranca, semblante fechado, mal-humorado vinte e quatro horas por dia.

Claro que são comportamentos literalmente opostos. Nem aquele, nem este é o comportamento de criaturas normais. São atitudes desencontradas.

Passamos a palavra ao espírito Joanna de Ângelis, na mesma revista citada: "Cuida com atenção de preservar as atitudes de edificação, aquelas que te apresentam como candidato à perfeição, deixando à margem ressentimentos e desconfortos morais, vivenciando sempre os momentos agradáveis e abençoados."

A mentora espiritual de Divaldo Franco aconselha que devemos iluminar o nosso espírito com as sublimes lições do Evangelho, e enriquecer os nossos lábios com palavras construtivas, para que as nossas atitudes sejam dignas e felizes.

Como vemos, o aconselhamento é sadio, já que ela indica o Evangelho como terapia e preventivo contra os maus hábitos e as más atitudes.

Ainda segundo ela, todos os pensamentos e sentimentos bons ou maus que armazenamos no espírito, transformam-se em "alimento emocional que, de acordo com a qualidade, envenena ou santifica a alma".

Significa dizer, portanto, que revelamos o que somos por dentro por meio das nossas atitudes.

Joanna aconselha que devemos exercitar a coragem de sermos verdadeiros, mas sem agressividade; de sermos bons amigos, mas sem bajulação; de nos comportarmos com gentileza, mas sem sermos pegajosos. E se formos assim, segundo ela, as nossas atitudes de solidariedade darão ensejo a outras e as estimularão, e todas "se converterão em nobre corrente de amor humano, tornando a vida mais rica de luzes e de harmonia".

Tenhamos, portanto, cuidado com as nossas atitudes.

Capítulo 14

Um pouco sobre a depressão

A palavra depressão, em sentido amplo, significa rebaixamento, humilhação, diminuição. Porém, em sentido restrito, significa enfraquecimento das forças; abatimento das energias físicas e/ou morais.

Logo, quando se diz que alguém está deprimido, quer dizer-se que está apresentando um estado doentio de enfraquecimento de forças orgânicas e/ou psíquicas. Assim, tomando por empréstimo uma expressão médica, pode-se afirmar que o quadro do indivíduo é depressivo.

Como estamos falando em depressão, achamos oportuno lembrar do escritor norte-americano Andrew Solomon, que publicou o livro *O demônio do meio-dia*. Nesta obra, o autor, que confessa ser vítima da depressão, relata minuciosamente as suas experiências com as crises depressivas. Ele analisa o mal não apenas do ponto de vista químico, psicológico e filosófico, mas também histórico, político e cultural. O livro, que não é ficção, é sucesso de venda nos Estados Unidos e foi traduzido para dezenas de idiomas.

O romancista Andrew Solomon, em entrevista concedida à revista *Veja*, em sua edição de 23 de outubro de 2002, diz que suas primeiras crises depressivas começaram aos trinta e um anos de idade. De repente, passou a se sentir estressado, profundamente desinteressado pelas coisas, desconectado da vida. As crises atingiram tal patamar, que ele passou a se arrastar para fazer as tarefas rotineiras.

O escritor acredita que uma das causas desencadeantes da sua depressão foi o impacto emocional da abrupta notícia de que sua mãe fora diagnosticada com câncer no ovário. Além disso, o desconforto dela em passar um longo e cruciante período de tratamento e, por último, já desenganada, o suicídio tomando fortíssimas doses de remédios. Tudo isso, segundo ele, ocorreu em sua frente, na presença do seu irmão e seu pai.

Como se não bastasse, sua mãe agonizante virou-se para ele e disse: "Não faça de minha morte o grande acontecimento da sua vida." Essas palavras, como se fossem uma forma de despedida, causaram-lhe profundo impacto emocional. As cicatrizes ainda o acompanham.

Andrew, que continua depressivo, apresenta um conceito do mal, afirmando que "enquanto o oposto de tristeza é felicidade, o contrário de depressão é vitalidade. A tristeza é apenas uma parte desse sentimento. A depressão traz uma sensação pesada da morte, de desespero, de falta de energia".

E quanto aos que afirmam que a depressão é uma doença moderna, ele diz que não, pois o grego Hipócrates, considerado o pai da medicina, naquela época, ou seja, no século V antes de Cristo, já estudava as possibilidades de cura para a depressão.

A revista *Veja* pergunta ao escritor se a vida moderna não é um terreno fértil para a depressão. Ele diz que sim. E acrescenta que o ritmo agitado do cotidiano, a desestruturação da vida familiar e a competição têm um efeito devastador sobre as criaturas.

Na opinião dele e de acordo com as experiências, como portador da doença, as drogas não funcionam para o tratamento da depressão. Ele diz que há casos incontáveis, por exemplo, em que é mais benéfica a maneira como o indivíduo encara a vida, bem como a forma como ele reage aos problemas do cotidiano.

Ao final da entrevista, a revista pergunta: "O senhor é assumidamente bissexual. Homossexuais tendem a ser mais deprimidos?" Ao que ele responde: "Sim, e há uma série de razões para isso. A principal delas é a intolerância que ainda existe na sociedade. Além disso, muitos homossexuais são vítimas de uma grande rejeição dentro de sua própria casa, e isso é um grande trauma. Também deve ser levado em conta que pessoas sozinhas, sem uma relação amorosa estável, têm mais probabilidade de sofrer de depressão. E, como a maioria dos *gays* vive nessa situação, isto ajuda a explicar a alta incidência da depressão nesse segmento."

Analisando a outra face do problema, certamente inaceitável pelas pessoas céticas, poderíamos aqui aventar a possibilidade de, por trás das causas indicadas e de tantas outras apontadas pelos profissionais da medicina da alma, existir as influências de criaturas invisíveis, viciadas e viciosas. Em outras palavras, os espíritos podem ser os causadores do problema, ou os exploradores de uma situação já existente, em que o outro se compraz com a prática, tacitamente, isto é, de livre e espontânea vontade.

Quando as causas da depressão passam para o terreno da obsessão espiritual, a recomendação é que o paciente deprimido-obsediado frequente um centro espírita, a fim de receber a terapia indicada pelo espiritismo, por meio de passes magnéticos e reuniões doutrinárias, como compensação das energias que se esvaíram pelo desgaste obsessivo. Acrescente-se a isso a abstenção dos hábitos equivocados, acompanhada de inadiável reforma íntima.

Segundo ensinam os espíritos, as anomalias de

comportamento não se situam no corpo, mas sim no espírito. Qualquer processo disciplinar deverá ser aplicado à alma, e não ao cérebro.

Se o deprimido, qualquer que seja a causa da sua depressão, obsessiva ou não, levar o tratamento espírita a sério, com certeza encontrará forças para reagir contra o mal e superá-lo, conseguindo, assim, uma grande vitória sobre si mesmo.

O autor de *O demônio do meio-dia*, em se referindo aos graves problemas decorrentes da depressão, diz que uma das terapias para alívio desse mal é uma visão sadia das coisas, do mundo e das pessoas. Isto é verdade! Pode ajudar muito, principalmente se a depressão não tem uma causa obsessiva.

Para encerrar, gostaria que o amigo leitor refletisse um pouco sobre o "Texto antidepressivo", de autoria do espírito André Luiz, em seu livro *Busca e acharás*, escrito em parceria com o espírito Emmanuel, pela psicografia de Chico Xavier. Veja que belos e substanciosos conselhos:

1. Quando você se observar à beira do desânimo, acelere o passo para a frente, proibindo-se parar.
2. Ore, pedindo a Deus mais luz para vencer as sombras.
3. Faça algo de bom, além do cansaço em que se veja.

4. Leia uma página edificante, que lhe auxilie o raciocínio na mudança construtiva de ideias.
5. Tente o contato de pessoas cuja conversação lhe melhore o clima espiritual.
6. Procure um ambiente no qual lhe seja possível ouvir palavras e instruções que lhe enobreçam os pensamentos.
7. Preste um favor, especialmente aquele favor que você esteja adiando.
8. Visite um enfermo, buscando reconforto naqueles que atravessam dificuldades maiores que as suas.
9. Atenda às tarefas imediatas que esperam por você e que lhe impeçam qualquer demora nas nuvens do desalento.
10. Guarde a convicção de que todos estamos caminhando para diante, através de problemas e lutas, na aquisição de experiência, e de que a vida concorda com as pausas de refazimento das nossas forças, mas não se acomoda com a inércia em momento algum.

Capítulo
15

A depressão é uma doença da alma

A depressão, que não é uma doença do corpo, mas da alma, vem cada vez mais se tornando uma mazela mundial. Estima-se que atualmente esse mal atinja cerca de 15% a 20% das criaturas humanas. E, de acordo com as previsões da Organização Mundial de Saúde, se esse percentual continuar aumentando, nos próximos vinte e cinco anos, aproximadamente, a depressão será o segundo problema de saúde do planeta, considerando-se que em primeiro lugar estarão as doenças do coração. Significa dizer, em suma, que a depressão tornar--se-á uma nova espécie de epidemia.

Esse distúrbio do espírito se manifesta normalmente por um abatimento mental e físico, que leva o indivíduo a constantes sensações de tristeza, angústia, amargura, medo de tudo, insegurança que resulta na incapacidade de administrar a si mesmo e as coisas de interesse pessoal; autodesprezo, isolamento social, pessimismo, desgosto pela vida etc.

São esses os sintomas mais conhecidos da depressão. Quem se acha encurralado nesse estado de espírito, transforma-se em inimigo de si próprio. Consequentemente, inimigo dos seus semelhantes. Se o deprimido vive de mal consigo, vive mal com os outros. As causas do mal são discutidas pelos mais eminentes especialistas do mundo, em congressos, simpósios, encontros etc. Porém, até o presente, não descobriram as suas verdadeiras causas. Apenas aventam hipóteses.

Não obstante tais divergências, alguns médicos especialistas no tratamento das doenças do sistema nervoso garantem que a depressão tem suas causas na vida agitada das grandes cidades e nos excessos de trabalho; outros, apresentam também como causas as separações entre os casais, constantes atritos no lar, insucesso na vida profissional, perda de pessoas amadas pelo fenômeno da morte, a vida ociosa dos aposentados, a preguiça das pessoas jovens – que não querem nada com a vida – e coisas do gênero.

Realmente, os motivos acima podem gerar depressão. Isto é inegável. Porque a alma é sensível a todas essas coisas. Uma vida ociosa, por exemplo, leva qualquer pessoa à depressão.

Além disso, qualquer pessoa, instruída ou ignorante, de caráter bom ou mau, mulher ou homem, religioso ou não, idoso ou jovem, está sujeita à depressão.

Mas ninguém deve, em nenhuma hipótese, se deixar abater pelo mal. A vítima da depressão só tem dois caminhos: ou combate o mal para dominá-lo, ou se torna escrava dele. É bom lembrar que, ainda hoje, além das drogas indicadas pelos médicos para o tratamento do mal, aplica-se também a terapia através de choques elétricos no cérebro, quando se trata de um caso mais grave. Isto porque os terapeutas ainda acreditam que a depressão é causada pela disfunção de glândulas cerebrais. Acontece que os especialistas já vêm chegando à conclusão de que as drogas e os choques elétricos atuam apenas como anestésicos, com efeito temporário. Logo que passa o efeito, a causa reaparece mais ativa, mais rebelde.

Como exemplo, um paciente depressivo chegou a dizer que os remédios antidepressivos o deixavam relativamente bem, mas "com a sensação de viver com o freio de mão sempre puxado". Quer dizer: não há segurança.

Há até casos graves de depressão em que os médicos chegam mesmo a fazer cirurgia na cabeça do paciente, na tentativa de retirar do cérebro a suposta glândula causadora do mal. Aí é que se enganam. Jamais encontrarão no cérebro do depressivo as causas da depressão. Jamais! Porque o foco deste mal, repito, está na alma e não no físico.

Uma das causas, diga-se de passagem, pode ser a maneira errônea como o depressivo enfrenta os problemas e a visão distorcida de ver a vida.

Devemos realçar o fato de que o espírito enfermo gera enfermidades no corpo onde habita. Pensamentos descontrolados geram distúrbios emocionais os mais diversos, que explodem em forma de ansiedades, distonias, neurastenias, nervosismos, crises de pânicos, compulsões crônicas e outros transtornos mentais.

Como se vê, todas essas causas não são físicas, mas espirituais. Porque todo o comando do corpo do homem não está localizado no cérebro, mas no espírito. O cérebro funciona apenas como quartel general, como sede do governo, mas o comando central é do espírito.

Não esqueçamos jamais que o corpo é apenas a morada do espírito. O corpo sem espírito se resume a um cadáver.

Logo, os distúrbios depressivos, em forma de severas crises nervosas, que deixam suas vítimas tristes, amarguradas, desanimadas, angustiadas, são os reflexos dos desequilíbrios dos pensamentos enfermos, pensamentos que são atributos do espírito, que enxerga, avalia e tira conclusões erradas.

A terapia da depressão deve ser aplicada ao espírito, com os remédios que indicaremos no próximo capítulo.

Capítulo 16

Diga não à depressão

Segundo os especialistas em estudos das enfermidades da alma, a depressão leve ou grave pode ter seu início na infância, passar pela juventude e chegar à idade adulta. Contudo, a probabilidade do indivíduo se tornar depressivo aumenta com a velhice.

Por meio de informações seguras, em face do aumento assustador dos casos de depressão no mundo inteiro, paralelamente os médicos têm se preocupado com a solução desse mal. Para isso, os laboratórios têm criado uma variedade enorme de remédios antidepressivos.

Interessante é que muitas pessoas, de todas as classes sociais, até mesmo por ignorância, têm plena convicção de que os medicamentos se transformem em verdadeiros milagres, capazes de fazer com que o mal da depressão desapareça num piscar de olhos.

Mas a realidade é bem diferente. Todo e qualquer medicamento antidepressivo, como já dissemos no capítulo anterior, funciona apenas como anestésico das emoções e sentimentos depressivos. Como as causas são complexas e profundas, logo que cesse o efeito das pílulas antidepressivas, a depressão volta a castigar sua vítima, sem dó e sem piedade.

Enquanto as ciências afirmam de pé juntos e mãos postas que a depressão é causada por distúrbios fisiológicos do cérebro, e por isso necessita de tratamento clínico, encontramos no espiritismo o indicativo de que os desequilíbrios do espírito encarnado são os causadores do mal da depressão, desequilíbrios que, muitas vezes, têm suas raízes em existências passadas da criatura depressiva de hoje.

Considerando esta realidade, há casos em que o espírito já reencarna com predisposição ao mal da depressão. Daí, pois, os casos de crianças já depressivas. Ora, se o espírito já renasce com o mal, é porque as matrizes dessa enfermidade já se acham em sua intimidade.

Há especialistas em doenças nervosas que afirmam que as crianças depressivas são filhos de pais também depressivos. Porque, segundo eles, o mal é genético.

Todavia, os fatos dizem o contrário. Porque a depressão é um mal da alma e, portanto, os males do espírito não se transferem de pais para filhos por meios genéticos.

Percebe-se que as pessoas depressivas, pela própria natureza do mal, se tornam problemáticas. Parece mesmo que elas se sentem decepcionadas e revoltadas com a própria vida. Daí o seu desprezo por si e por tudo que as rodeia. Também se acham incapazes de resolver seus próprios problemas do dia a dia. Entretanto, o que elas precisam é reverter o seu quadro emocional, convertendo ideias, pensamentos, imagens, sentimentos negativos em positivos, e voltar a administrar a sua vida como sempre fizeram. Resignar-se com a depressão não é a solução. Combatê-la, sim!

Outro fator interessante, e por sinal desprezado pela maioria dos médicos e dos próprios depressivos, é que por trás da depressão quase sempre estão os espíritos obsessores, uma vez que o próprio mal já se constitui atrativo para eles, como já dissemos em capítulo anterior.

Temos ouvido muita gente dizer – e afirmam abertamente – que seus males de depressão e outros distúrbios próprios da alma foram curados em centros espíritas, assistindo às reuniões doutrinárias e se tratando por meio de passes magnéticos. Outras chegam a dizer que, além disso, participaram das chamadas 'campanhas do quilo' e participaram como voluntárias de outras atividades de ajuda aos necessitados.

Além disso, as pessoas religiosas, dedicadas ao

ofício das suas crenças, que se acham sempre ocupadas em suas atividades, não têm motivos para a depressão. A prática do bem, o hábito das orações bem sentidas, o estudo reflexivo das passagens bíblicas e, notadamente, dos Evangelhos, se constituem vacinas contra espíritos inferiores, bem como a prática da caridade reveste o benfeitor de uma camisa de força fluídica, que afugenta qualquer obsessor mal-intencionado.

Não queremos dizer que os médicos dos distúrbios da alma, tais como psicólogos, psicanalistas, psiquiatras e outros, não venham dando a sua preciosa colaboração no tratamento das chamadas doenças do sistema nervoso, notadamente os casos de depressão. O trabalho deles é de grande valor.

Todavia, quando as doenças são causadas por espíritos desequilibrados, que trabalham no juízo do paciente, perturbando-lhe as faculdades mentais, passando para o campo da profunda depressão, a atuação dos médicos se torna impotente.

Quando a depressão por influência de espíritos doentes é grave, com sequelas orgânicas, deve ele fazer o tratamento com o espiritismo e com o médico, ao mesmo tempo. O médico cuida do corpo do doente. O espiritismo cuida do espírito perturbador, orientando-o, e cuida do depressivo, na reversão do seu quadro emocional, fazendo-o voltar ao seu estado de saúde normal.

Allan Kardec, em sua obra *O Evangelho segundo o Espiritismo*, no capítulo XXVIII, "Preces espíritas", diz que a cura das obsessões graves requer muita paciência, perseverança e devotamento. E quando a obsessão é bastante prolongada, podendo causar desordens patológicas, "por vezes requer um tratamento simultâneo ou consecutivo – seja ele médico ou magnético – para restabelecer o organismo. Destruída a causa, resta combater os efeitos".

Eis aí, pois, a palavra abalizada do codificador da doutrina espírita. Destruída a causa, ou seja, doutrinado o espírito perseguidor, cessa o efeito da depressão. O resto fica por conta do depressivo, que certamente fará a sua parte, retirando do juízo as ideias fixas negativas, e substituindo-as por ideias fixas positivas.

Este o tratamento ideal da depressão: "mente sã em corpo são". "Espírito sadio em corpo saudável", como diziam os antigos romanos.

Capítulo 17

Antídoto à depressão

1. Quando estiver depressivo, leia uma página do Evangelho. Quem sabe o remédio não está nos ensinamentos do Cristo? "As minhas palavras são espírito e vida", afirmou Jesus.

2. Jamais permita que o veneno do desânimo intoxique sua alma. Cuide logo, desintoxicando-a com o antídoto da boa disposição espiritual.

3. De nenhum modo fique depressivo se as coisas não ocorrerem conforme você planejou. Por que não exercita a sábia arte de recomeçar?

4. Pense nisto: você jamais se libertará da depressão se continuar dando ouvido ao ciúme, à inveja, à maledicência, à mentira e a outras inferioridades do gênero. Desta forma você conseguirá apenas ficar inquieto, desconfiado, nervoso, azedo e enjoado com a própria vida.

5. Não se esqueça de cultivar a virtude da paciência, mas não seja inerte. A inércia poderá lhe trazer sérios prejuízos.

6. Faça o que gosta, mas evite o que pode compro-

meter a sua consciência. O sentimento de culpa não faz nada bem.

7. Lembre-se: Deus gosta dos homens simples de espírito. Mas isto não é sinônimo de tolice.

8. É verdade que Deus está conosco, principalmente nos momentos de maiores dificuldades. Mas, antes, devemos estar com Ele.

9. A fé e a obra. Faça como o venerável apóstolo Paulo, que reconhecia o valor da fé, mas achava que a salvação está nas obras. "A fé sem obras é morta", afirmava Tiago.

10. As passagens do Evangelho "buscai e achareis", "pedi e obtereis" e "batei e abrir-se-vos-á" são de extraordinária beleza espiritual. Mas lembre-se de que apenas os fortes e decididos buscam e acham, podem e obtêm, batem e veem a porta se abrir, porque confiam em si mesmos.

11. Faz bem ao espírito cultivar a virtude do auxílio aos nossos semelhantes, mas lembre-se que somente Deus fará por todos.

12. Se a sua conciência está em paz, não se preocupe com o falatório das pessoas a seu respeito. Quem não deve, não teme! Levante a cabeça e siga em frente.

13. Seja cauteloso. Diz o adágio: "cego que recebe esmola grande, desconfia". Tenha cuidado com as

grandes vantagens, porque por trás delas, quase sempre, ocultam-se perigosas desvantagens.

14. Ao amanhecer, antes de iniciar suas atividades, faça uma prece. Faça o mesmo à noite, ao deitar. Faça isso e atrairá boas companhias espirituais.

15. O auxílio virá. Muitas vezes, nos momentos difíceis da vida, esquecemos de Deus. Mas não devemos esquecer, jamais, que Deus não se afasta dos Seus filhos. O auxílio pode não vir no tempo e da forma como imaginamos. Mas não tardará. "Quem por Deus espera, não cansa", como afirma o dito popular.

16. Tenha cuidado! Fuja da calúnia como 'o diabo foge da cruz'. Um sábio, naturalmente inspirado pelos deuses, já disse que a calúnia é um veneno de efeito lento, mas terrivelmente devastador.

17. Normalmente admiramos as virtudes. Contudo, esquecemos que as virtudes, para produzirem bons frutos, devem ser cultivadas.

18. Não se esqueça: se todos os seus problemas não foram resolvidos hoje, talvez a Justiça Divina julgue que seja falta de merecimento. Acalme-se. Você nada pode fazer, a não ser exercitar a arte de esperar. Lembre-se: o que mantém o doente vivo é a esperança de ficar bom.

19. Você já se questionou? Talvez suas perturbações sejam o reflexo do ódio, da antipatia e da inveja que você alimenta contra seus desafetos. Seja sensato!

Por que se manter escravo de um passado que só lhe trouxe desilusões e desdita?

20. Se você se sente infeliz porque é pobre, seja rico em virtudes. Não deseje a riqueza para infelicitar a sua vida. Recorde a sabedoria dos espíritos, presente em *O Livro dos Espíritos*: "Aquele que ganha como homem perde como espírito" e "O mais rico dos homens é o que tem menos necessidades".

21. Problemas fantasmas. Às vezes, as doenças e os problemas que pensamos ser reais são apenas imaginários. É possível que você, com a mente enferma, esteja criando problemas e doenças fantasmas, para infelicitar a sua vida. Você já pensou nisso?

22. Reflita bem. A fortuna é uma concessão divina para experimentar aquele que a administra. E quem tem raiva de quem tem, com certeza é porque não tem experiência. Não acha?! A Bíblia diz que, por inveja, Caim matou seu irmão Abel.

23. Anote isto: às vezes chega-se a pensar que a vida faz com a gente o que ela bem quer. Mas, na verdade, nem sempre a gente faz o que quer, e sim o que pode e quando pode.

24. Controle-se. Diante dos impulsos inferiores, você só tem dois caminhos: ou os dominará e será um vencedor, ou então dará a eles guarida, e certamente se comprometerá. Tenha cuidado!

25. Fuja da violência. Controle seus instintos violentos meditando as bem-aventuranças ensinadas pelo Cristo: "Bem-aventurados os brandos, porque possuirão a Terra" (Mateus, 5:5) e "Bem-aventurados os pacíficos, porque serão chamados filhos de Deus" (Mateus, 5:9). Você não deseja possuir a Terra, nem ser filho de Deus?

26. Permita que a vida sorria para você! Você está aborrecido com o mundo, com os homens e com a própria vida? Você se desgastou emocionalmente a ponto de perder a paciência diante das menores coisas? Experimente degustar este conselho, que está no capítulo IX de *O Evangelho segundo o Espiritismo*: "Coragem, amigos, o Cristo é vosso modelo. Ele sofreu mais que qualquer um de vós, e não tinha nada a se repreender, enquanto vós tendes que expiar vosso passado e fortalecer-vos para o futuro. Portanto, sede pacientes, sede cristãos, essa palavra encerra tudo."

27. Você ama a Deus? Você já parou para pensar nesta verdade? Você diz que ama a Deus. Que Deus é fiel. Que Ele é amor, justiça e misericórdia, e acrescenta outros atributos. Tudo bem! Mas será que você ama realmente a Deus ou desobedece ao Pai celestial em pensamentos, palavras e atos?

28. Um conselho de amigo: você costuma humilhar o seu próximo? Tenha cuidado! Isso poderá lhe

tornar devedor diante de Deus. Não se esqueça das palavras de Jesus: "Aqueles que se exaltarem, serão humilhados; e aqueles que se humilharem, serão elevados." Pense nisso!

29. Reflita bem. Os mendigos que perambulam pelas vias públicas podem ser nossos parentes próximos de outras encarnações. Se não puder ajudá-los, pelo menos trate-os com dignidade, como você gostaria de ser tratado no lugar deles. Jamais esqueça que, diante da reencarnação, as posições sociais mudam muito. Os ricos de hoje poderão renascer pobres, e vice--versa. Ninguém foge da lei de causa e efeito.

30. Sossegue sua alma. Quando você estiver muito perturbado, agitado, inquieto, prestes a uma inevitável explosão, imagine-se descansando debaixo de imensa árvore frondosa, carregada de frutos saborosos, desfrutando da sombra, dos frutos e da água cristalina que brota da fonte. E descanse sua visão ao longo do gigantesco lago azul que se estende no horizonte, ao entardecer. Faça esse exercício e aquiete seu espírito. Experimente a paz dos justos.

31. Sempre que você estiver em dificuldade, ore a Deus pedindo ajuda. Mas não se esqueça de fazer a sua parte. Deus ajuda aos que se ajudam.

32. Lembre-se disso: quando você estiver a ponto de estourar de raiva, não se esqueça que tudo em você

está em rotação mil e, portanto, todo o seu complexo orgânico estará sujeito a enfermidades imprevisíveis. Discipline os pensamentos e mantenha-se calmo. Lembre-se: você é capaz de se dominar.

33. Mantenha-se ocupado. Você tem certeza de que sua depressão não é consequência ou reflexo da ociosidade em que vive a sua mente? Se é assim, não deixe para depois: experimente logo exercitar suas faculdades psíquicas. Cure a causa, que o efeito logo desaparecerá. Apesar de aposentado, você tem alguma ocupação?

34. Use o bom-senso. Em suas preces, não peça a Deus para retirar os seus problemas. Talvez você não saiba o que pede. Quem sabe se a continuidade dos problemas não é o remédio apropriado para curar suas mazelas morais? E reforçar sua alma para enfrentar provas mais difíceis? O melhor que você pode fazer é aguçar sua visão para a outra face da questão. Será que seu espírito não permanece verde e precisa amadurecer com os problemas?

35. Controle a ansiedade. Quando você estiver tenso, ansioso e quase desesperado, experimente orar a Deus para abrandar esse desconfortável estado de espírito. Como a prece é uma evocação aos bons espíritos, com a aproximação do seu anjo da guarda, certamente tudo voltará ao normal.

36. Matenha-se firme na fé. Você, em passageira crise de desespero, diz que sua vida não vale nada; que o mundo é de cão; que não vale a pena viver e, muitas vezes, duvida até mesmo da proteção divina. É bem provável que sua falta de fé o torne vítima de você mesmo.

37. Você pode ser o responsável. Na intimidade da sua alma, talvez você reclame porque seus pedidos não são atendidos. Você tem consciência da sensatez das suas súplicas? Ou você está fazendo pedidos que, se atendidos, lhe fariam mais mal do que bem? Lembre-se que Deus, em Sua sabedoria, sabe o que faz, e nós sequer sabemos o que pedimos.

38. Tenha cuidado! Não viva a vida queixando-se de tudo e de todos. Essa visão deformada lhe trará desgastes emocionais de consequências imprevisíveis, além de afastar as pessoas da sua convivência. Lembre-se que a depressão pode ter início nesse mau hábito. Não se esqueça que, de acordo com as leis divinas, cada um está na posição, no lugar e com as criaturas que pediu a Deus.

39. Evite nervosismo. Não exija das pessoas o que elas ainda não têm condição de dar. Tenha paciência e espere que elas amadureçam. Você também levou longo tempo para amadurecer. Depois, coloque-se no lugar delas e analise as suas exigências. Talvez você

esteja exigindo o que não desejaria que elas exigissem de você.

40. Evite decepções. Para evitar decepções, mais do que as que você já passou na vida, é bom recordar este sábio provérbio árabe: "Não diga tudo que sabe; não faça tudo que pode; não creia em tudo que escuta; não gaste tudo que tem. E sabe por quê? Porque aquele que diz tudo que sabe, que faz tudo que pode, que crê em tudo que escuta, que gasta tudo que tem, muitas vezes diz o que não convém, faz o que não deve, julga o que não vê e gasta o que não pode."

41. Você se irrita com facilidade? Tenha cuidado! O vírus espiritual da ira poderá corroer sua alma e comprometer a saúde do seu corpo.

42. Escolha o melhor. Você espera pelos outros para resolver seus problemas? Esse não é um bom hábito. Não se esqueça que você é senhor da sua própria vida e ninguém é melhor que você para saber o que lhe é útil ou inútil, bom ou ruim.

43. Tenha cuidado com as fofocas. Não se envergonhe de dizer a si mesmo: por favor, pare de retalhar a vida alheia! Já não basta a sua própria vida sobrecarregada de imperfeições e problemas de toda natureza?

44. Raciocine com lógica. Você é daqueles que se estressa e fica depressivo, com medo de tudo, inclusive de morrer e ir para o inferno? Não seja tolo! Você já

vive no inferno aqui mesmo no mundo, sem saber, e, no entanto, vem se saindo tão bem!

45. Não sonhe tão alto. É possível que você deseje ardentemente ir para o céu. Desejar é um direito, mas quem sabe se você está preparado para entrar no 'paraíso', conduzindo no espírito uma bagagem de orgulho, vaidade, egoísmo, paixões, ambições, impaciência, maldade, prepotência, maledicência, orgulho de classe, de cor, de família, arrogância religiosa e tantas outras mazelas que enfeitam o seu caráter? Será que você, no céu, não iria perturbar a paz dos anjos?!

46. A virtude da resignação. Você continua ansioso e depressivo? Discipline esse mau hábito. Quem sabe se esse desagradável estado psicológico não é resultante de um antigo plano frustrado? Se a causa for essa, realmente você não foi bem sucedido. Tenha paciência e comece tudo de novo. Se porventura nada conseguir, lembre-se que a revolta não leva a lugar nenhum. Aceite o insucesso como prova e cultive a virtude da resignação.

47. Roma não foi construída em um único dia. É compreensível que você se apresse em executar os seus projetos, muitas vezes pré-elaborados com zelo e muito sacrifício. E até que você fique nervoso, irritado e agressivo porque as coisas não acontecerem como você esperava e no tempo previsto. Aquiete-se. Ima-

gine a imensa cidade de Roma antiga: quanto tempo não demorou para ser construída?

48. Melhore sua visão. Como você está vendo o mundo, as pessoas e as coisas? Você tem o mau hábito de só enxergar o lado negativo deles? Que tal refletir sobre estes preceitos do Cristo: "Se os teus olhos forem bons, todo o teu corpo terá luz; mas, se os teus olhos forem maus, todo o teu espírito viverá em trevas." Reflita bem!

49. Não seja tolo, julgando-se mais sabido do que os outros. Lembre-se de que em seu caminho sempre encontrará pessoas mais sábias que você. Porque, no mundo, jamais encontraremos o maior, sem existir outro acima dele.

50. Pense bem: você se escravizou ao hábito de condicionar sua felicidade ao convívio de alguém? Reflita com acerto: e se de repente esse alguém morrer, ou de você se separar por qualquer razão? Você deixará de ser feliz? Seja coerente e construa a sua felicidade independente do outro com quem você convive.

51. Seja fiscal de você mesmo. Fiscalize seus pensamentos, sentimentos e ações. Se você, de firme vontade, mudar sua maneira de pensar, sentir e agir, creia, tudo em sua vida se transformará e voltará a sorrir.

52. É possível que você tenha razão. Realmente você tem razão por se julgar despreparado para o

exercício do perdão. Você é sincero e isto é uma grande virtude. Em primeiro lugar, você deve se aceitar assim; em segundo lugar, mesmo que não se sinta em condição de perdoar, não acha que vale a pena exercitar o perdão um pouco nesta vida e continuar nas futuras encarnações? Dê o primeiro passo. Não custa nada cultivar estas regras cristãs, presentes em *O Evangelho segundo o Espiritismo*: "Perdoar aos inimigos é pedir perdão para si mesmo; perdoar aos amigos é dar-lhes uma prova de amizade; perdoar as ofensas é mostrar que se está tornando melhor."

53. Não retalhe a vida alheia. Como vai você com a maledicência? Você já ouviu falar da história dos três crivos? Não sabe? Pois, bem, vou contar. Diz-se que Sócrates, o iluminado filósofo grego, parou na via pública para escutar um cidadão ateniense. Mas, antes, para saber que terreno estava pisando, perguntou ao mancebo: "O que tem para me dizer é verdade?" O homem respondeu que não tinha certeza. "Bem – disse o sábio –, se o que tem a dizer não é verdade, pelo menos tem bondade?" O homem vacilou: "Bem, acho que sim, mas não estou bem certo..." E nada mais respondeu. "Então, o que tem a dizer deve ter alguma utilidade?", comentou. E ouviu como resposta: "Não, creio que não." Sócrates então finalizou: "Meu bom amigo, se o que tinha a me segregar não tem verdade,

nem bondade e nem sequer um pouco de utilidade, guardemos o silêncio." O mancebo de Atenas retirou-se, envergonhado.

54. O valor da renúncia. Você já exercitou a virtude da renúncia? Já disse um sábio que a grandeza de um homem não está no império que ele construiu ou é capaz de construir, mas sim na sabedoria de saber renunciar. Por que você não experimenta cultivar essa gigantesca força de caráter?

55. Sabedoria da paciência. Você já experimentou exercitar a virtude da paciência? Conta-se que um grande estadista inglês, certa feita, disse que um homem pode ser dotado de invejável inteligência, de grande capacidade de trabalho, ser talentoso, sábio etc. etc., mas, se não tiver paciência, nada conseguirá realizar. Porque, segundo ele, a paciência é a mãe de todas as virtudes. E você, que acha?...

56. Seja cauteloso. Não se complique, e cuidado para não embaraçar o seu destino. Há pessoas que conseguem alcançar os seus objetivos, deixando atrás de si uma extensa esteira de cadáveres. Quem assim procede, inevitavelmente está se comprometendo com a lei universal de causa e efeito. Mais cedo ou mais tarde, aqui ou alhures, essa lei lhe fará a cobrança. Desse modo, é válido lembrar, portanto, que não é bom construir a nossa felicidade à custa da infelicida-

de dos outros. Esse procedimento jamais nos fará bem.
57. Discipline suas aflições. Conta-se que um homem muito aflito, envolvido em sérias dificuldades, umas reais e outras imaginárias, não encontrando solução para os seus problemas, tentou o suicídio. Porém, toda a sua vida mudou a partir do instante em que leu e meditou sobre as palavras consoladoras que estão em Mateus, 11:28-30: "Vinde a mim, todos os que estais cansados e oprimidos, e eu vos aliviarei. Tomai sobre vós o meu jugo e aprendei comigo que sou brando e humilde de coração; e achareis repouso para vossas almas, pois é suave o meu jugo e leve o meu fardo."
58. Cuidado com os amigos sem juízo! Não há coisa mais inconsequente e perigosa do que a companhia de amigos desajuizados. Eles, imprudentemente, podem cair no abismo e nos levar a tiracolo, se nós assim o permitirmos. Não acha?! Você conhece a lenda do cão e do burro? Conta-se que ambos, muito amigos, se encontraram numa assombrosa encruzilhada. O cão, extremamente cuidadoso, sugeriu ao amigo que dormisse primeiro, que ele ficaria de vigia. O burro, mais zeloso, contestou e opinou o contrário. O cão concordou e dormiu profundamente. Quando roncava, uma mosca gigante pousou distraidamente em seu focinho. Nisso, o amigo burro, vigilante, achou que a mosca faria muito mal ao seu amigo, que ressonava. Não pen-

sou duas vezes. Distanciou-se e, de boa-fé, imbuído do mais terno sentimento de amigo fiel, veio de ré e deu um violento coice. Matou a mosca, mas também matou o seu amigo cão. Foi uma tragédia! Veja-se o que pode um amigo sem juízo, ainda que com a melhor das intenções, fazer a outro amigo.

59. Nunca se julgue o dono da verdade. A fim de evitar decepções, adote a premissa de que somente Deus é senhor absoluto da verdade. Muitas coisas incompreensíveis para as nossas limitadas faculdades existem entre Ele e nós, que ainda somos espíritos reconhecidamente inferiores. Bem sensato foi Sócrates, ao sentenciar: "A única verdade que sei, é que nada sei."

60. Não seja intratável. Quando for tomado pelo ímpeto de tratar mal às pessoas, pare para pensar. Conte até dez e pergunte a si mesmo se gostaria de ser tratado da mesma maneira. Lembre-se de Jesus, conforme vemos em Mateus, 7:12: "Fazei aos homens tudo o que queirais que eles vos façam, pois é nisto que consistem a lei e os profetas."